航空管制
超入門

航空管制如何將飛機導航到安全降落
各式各樣的航管流程與設備大解析

藤石金彌／著　盧宛瑜／譯
一般財團法人　航空交通管制協會／監修

晨星出版

叢書序
WOW！知的狂潮

　　廿一世紀，網路知識充斥，知識來源十分開放，只要花十秒鐘鍵入關鍵字，就能搜尋到上百條相關網頁或知識。但是，唾手可得的網路知識可靠嗎？我們能信任它嗎？

　　因為無法全然信任網路知識，我們興起探索「真知識」的想法，亟欲出版「專家學者」的研究知識，有別於「眾口鑠金」的口傳知識；出版具「科學根據」的知識，有別於「傳抄轉載」的網路知識。

　　因此，「知的！」系列誕生了。

　　「知的！」系列裡，有專家學者的畢生研究、有讓人驚嘆連連的科學知識、有貼近生活的妙用知識、有嘖嘖稱奇的不可思議。我們以最深入、生動的文筆，搭配圖片，讓科學變得很有趣，很容易親近，讓讀者讀完每一則知識，都會深深發出WOW！的讚嘆聲。

　　究竟「知的！」系列有什麼知識寶庫值得一一收藏呢？

　　【WOW！最精準】：專家學者多年研究的知識，夠精準吧！儘管暢快閱讀，不必擔心讀錯或記錯了。

　　【WOW！最省時】：上百條的網路知識，看到眼花還找不到一條可用的知識。在「知的！」系列裡，做了最有系統的歸納整理，只要閱讀相關主題，就能找到可信可用的知識。

　　【WOW！最完整】：囊括自然類（包含植物、動物、環保、生態）；科學類（宇宙、生物、雜學、天文）；數理類（數學、化學、物理）；藝術人文（繪畫、文學）等類別，只要是生活遇得到的相關知識，「知的！」系列都找得到。

　　【WOW！最驚嘆】：世界多奇妙，「知的！」系列給你最驚奇和驚嘆的知識。只要閱讀「知的！」系列，就能「識天知日，發現新知識、新觀念」，還能讓你享受驚呼WOW！的閱讀新樂趣。

　　知識並非死板僵化的冷硬文字，它應該是活潑有趣的，只要開始讀「知的！」系列，就會知道，原來科學知識也能這麼好玩！

作者序

　　迎接21世紀，就像可與15世紀至17世紀前半的大航海時代匹敵一般，我們就站在人與物相互輝煌交流的「大航空時代」的起跑線上。

　　人類首度在空中飛翔已經過100餘年，現在全球任何一個地點都能夠在24小時內到達，高速又大量的物資運送也變得可能。這一切都是因為投入飛機開發、製造、導航、管制以及機場設備等，各式各樣的科學技術所帶來的結果。

　　超音速客機從東京到洛杉磯飛行時間為4小時，「地球1日交通圈計畫」的實現等等，現正開始建構未來藍圖以及開發相關技術。或許10幾年後（2025年左右）就會實現。

　　航空管制的未來藍圖也納入「空中飛行的新幹線計畫（軌道飛行＝4DT：4D軌道）」。飛機飛行的是三次元空間，加入時間軸後就是四次元，從出發到抵達，都在航空管制員與飛行員之間自由創出的假想透明空中隧道，依循軌跡飛行。

　　作為航空技術新世代化的第一步，這個計畫的其中一部分已經在航空管制領域實現。從雷達轉變成以MTSAT（多功能運輸衛星）為主的系統，並以GPS（全球定位系統）以及MTSAT為核心，重整通訊（communication）、導航（navigation）及監視（surveillance），讓飛機從出發到抵達，都能夠正確定位。

　　透過航空管制的新世代化，即使飛行間隔與飛行密度倍增，也能夠安全地運航，不但改善了方便性及大眾化，最開心的就是讓過去無法利用方便的客機的人們也大受其惠。

　　但是，客機雖然更親近人們，且獲得高度關注，實際上它到底是以什麼樣的機制運作，卻鮮為人知。航空管制的技術確實相當廣泛，且深具專業性，應該是一般人不容易了解的範疇。

　　本書將針對「航空管制如何進行、飛機如何安全又有效率地運航」等簡單的問題進行解答。

　　第1章歸納基本的航空管制，第2章從起飛到降落等一連串的流程開始解説。第3章透過電腦製圖，讓讀者體驗從起飛到降落，航空管制員和飛行員雙方使用何種具體的交流方式。第4章則介紹過去發生過的悲慘事故，以及從這些事故記取教訓後所改善的安全措施。

　　文末要感謝兩位提供本書第3章內容所需的電腦製圖的TechnoBrain股份公司蘆達剛社長、以及平面設計師勝永功二，以及擔任本書監修、擁有豐富的航空管制知識及現場情報的一般財團法人航空交通管制協會的田崎武常務理事，及幫忙校閱本書內容的各領域專業人員、航空相關人員等各位，筆者在此獻上最深的謝意。此外，也由衷感謝辛苦出版本書的科學書籍編輯部編輯長益田賢治、以及擔任編輯的石井顯一。

2014年4月 **藤石金彌**

CONTENTS

叢書序 ……………………………………………………………………… 3

作者序 ……………………………………………………………………… 4

第 1 章　何謂航空管制？ ……………………………………………… 9

1-1　為何航空管制有其必要？ …………………………………… 10

1-2　航空管制的序幕？ ……………………………………………… 12

1-3　何謂飛航管理（ATM）中心？ …………………………… 14

1-4　航空管制員的工作為何？ ………………………………… 19

1-5　最重要的飛行管理系統為何？ …………………………… 20

1-6　飛機如何通訊？ ……………………………………………… 22

1-7　何謂航點？ …………………………………………………… 24

1-8　提高導航精確度的技術為何？ …………………………… 26

1-9　如何監視飛機？ ……………………………………………… 30

1-10　天空中不可見的分隔為何？ …………………………… 36

1-11　何謂VFR和IFR？ ……………………………………… 44

1-12　何謂航路？ …………………………………………………… 53

1-13　跑道的作用是？ …………………………………………… 59

1-14　羽田機場的「D跑道」是哪一種跑道？ ……………… 63

1-15　何謂關東空域重組？ ……………………………………… 66

第 2 章　了解航空管制的流程 …………………………………… 69

2-1　航空管制就是空中的交通管制 …………………………… 70

2-2　機場管制服務① ……………………………………………… 71

2-3　終端雷達管制服務 …………………………………………… 81

2-4　航路管制（ACC）服務 …………………………………… 83

2-5　機場管制服務② ……………………………………………… 86

2-6　何謂音標字母？ ……………………………………………… 92

2-7　何謂求救信號？ ……………………………………………… 95

第 3 章 **紙上體驗航空管制** ⋯⋯⋯⋯⋯ 97

3-1 從起飛到降落的流程 ⋯⋯⋯⋯ 98

3-2 機場管制①（羽田機場） ⋯⋯⋯⋯ 100

3-3 機場管制②（羽田機場） ⋯⋯⋯⋯ 102

3-4 機場管制③（羽田機場） ⋯⋯⋯⋯ 104

3-5 機場管制④（羽田機場） ⋯⋯⋯⋯ 108

3-6 終端雷達管制①（羽田機場） ⋯⋯⋯⋯ 110

3-7 航路管制①（東京 ACC） ⋯⋯⋯⋯ 111

3-8 航路管制②（東京 ACC、札幌 ACC） ⋯⋯⋯⋯ 113

3-9 航路管制③（札幌 ACC） ⋯⋯⋯⋯ 115

3-10 終端雷達管制②（新千歲機場） ⋯⋯⋯⋯ 118

3-11 機場管制⑤（新千歲機場） ⋯⋯⋯⋯ 120

3-12 羽田機場降落編制 ⋯⋯⋯⋯ 124

CONTENTS

第 4 章　了解事故及預防事故措施 ⋯⋯⋯⋯ **135**

4-1　與睡意和疲勞奮鬥的開拓者 ⋯⋯⋯⋯⋯⋯ 136

4-2　特內里費機場噴射客機相撞事故 ⋯⋯⋯⋯ 138

4-3　日本飛機駿河灣上空空中接近事故 ⋯⋯⋯ 141

4-4　何種原因會引起重大事故？ ⋯⋯⋯⋯⋯ 147

4-5　為何事故會連續發生？ ⋯⋯⋯⋯⋯⋯⋯ 152

4-6　如何預防人為錯誤？ ⋯⋯⋯⋯⋯⋯⋯⋯ 154

4-7　澳航機場的安全文化為何？ ⋯⋯⋯⋯⋯ 157

4-8　針對管制員的教育訓練工具為何？ ⋯⋯⋯ 159

4-9　疲勞檢測系統的演進 ⋯⋯⋯⋯⋯⋯⋯⋯ 161

4-10　人為錯誤的終極對策為何？ ⋯⋯⋯⋯⋯ 163

4-11　航空交通有哪些安全措施？ ⋯⋯⋯⋯⋯ 165

專欄01　飛機的飛行位置能夠即時顯示 ⋯⋯⋯ 181

專欄02　馬來西亞航空 M370 航班之謎 ⋯⋯⋯ 183

結語 ⋯⋯⋯⋯⋯⋯⋯⋯⋯⋯⋯⋯⋯⋯⋯⋯ 186

第 1 章

何謂航空管制？

航空管制的工作是為了讓飛機能夠安全地在空中飛航，
而提供飛機各種指示及資訊。
現今若要維持安全而正確的飛機運航，不可能缺乏航空管制。
本章將和各位讀者一起看看航空管制的基本概念。

2010年開始啟用的羽田機場新管制塔台

為何航空管制有其必要？
針對數量增加的飛機進行交通管制

　　萊特兄弟所實現的人類首度自由飛行，是在1903年發生的事。自那之後經過大約100年的演變，我們已經能夠以音速來回穿梭於全世界。

　　「好想在天空中飛！」——現在之所以能夠實現過去人類的願望，完全有賴於進展顯著的近代科學，也就是工業的力量。這一百年間，有兩項「飛行的技術開發」的大躍進，一是構成飛機的機械裝置「機體」及「引擎」，二是測量目的地方位及高度的「導航」。

　　飛機能夠在三次元空間（前後、左右、上下）自由地高速飛行。但它無法迅速減速或在空中停止。此外，飛機也會受到雲、霧、雨、雪、風、氣壓等氣象變化的影響。當然起飛和降落也僅限於有跑道的機場。

　　二十世紀初，在航空技術剛剛展開的時代，由於當時飛機的構造及系統尚未成熟，常有墜機事件，或在地面或空中發生相撞。由於飛機是反重力飛行，如果發生問題，就會演變成從高空墜落。

　　其後，飛機機體幾經改良而變得大型化，同時為了提高了效率及安全性，針對飛機進行交通整頓的**航空管制**制度便應運而生。

　　2012年，日本1年當中約有550架客機、7,905萬旅客在空中飛行，這些客機全都在約1,900位**航空管制員**安全又舒適地引導、管制下，安全地飛達目的地。

萊特兄弟「飛行者1號機」（Wright Flyer Ⅰ），由福岡市的西日本航空協會等滑翔機製作團隊復原。

照片／時事通信photo（Jiji Press Photo, Ltd.）

從機場跑道起飛的噴射客機。以噴射客機為代表的飛機，現今已是「理所當然」的存在了。

航空管制的序幕？
「旗手」以旗子發送訊號

「人類像鳥一樣在空中飛翔！」──用布料包覆木造骨架的機翼、引擎轉動螺旋槳時如雷的轟隆聲響、飛機起飛……，看到這樣的情景，人們無不嚇到腿軟。過去為了看到這種難以置信的場景，很多人一聽到「飛機在飛」就立刻聚集在一起。

當時，在空中飛行是項大冒險，但大膽的飛機小子們卻接二連三成功達成遠程飛行。接著各地紛紛舉辦以觀光或遊覽為目的的飛行表演，最後航空郵便飛行的時代終於來臨。

航空時代初期，人們將一大片草原或平地當作跑道。由於引擎噪音大得驚人，即使飛行員開口互相示意通知，也會被引擎聲掩蓋。

為此，旗手會將訊號用旗、筆記本、午餐以及水堆放在加掛遮陽傘的**推車**中，並常駐於飛機的跑道起點。旗手會以旗子發出「Go」（前進）或「Hold」（停止）等指令，通知飛行員飛行風向及跑道上是否有障礙物等重要資訊。這就是**航空管制的開端**。

早期的飛行方式，飛行員使用的是參考地貌的**地文航行**，為了增加安全性及準確性，在航道上設有**旋轉式燈光標識**（rotating beacon）。為了讓飛行員在夜間仍可識別地形，也使用了**指路燈**。其後在展開航空客運時，為了遵守出發時間、飛行時間、到達時間等時刻表，航空管制的角色也就愈發重要。

無線技術開發後，在設置於視野良好之處的**管制塔**與跑道上

的飛機之間，能以無線電話進行管制。此時已有現代航空管制的
雛形。最後，循著電信**無線標識**（radio beacon）的電波指示，
即使在雲霧之中飛機也能飛行無阻了。

其後，隨著雷達技術開發，飛機成了螢幕上移動的點，可以
被地面的管制員掌握行蹤。飛機本身也能夠透過螢幕，完整呈現
附近正在飛行的飛機以及周圍的地形。

現在的航空管制更邁向次世代，航空管制員及飛行員之間的
通訊方式，已經從聲音通訊逐漸變成透過衛星的**數據通訊**。

Everything OK
（一切OK）　Too slow – speed up
（速度過慢 – 提升速度）　Too fast – slow down
（速度過快 – 減速）　Wave-Off
（重飛）

Too Low – climb a little
（位置過低 – 要求上升）　Cut engine and land
（停止引擎）　Tail hook not down
（尾鉤未下降）　Come right
（轉身向右）

1920年代美國航空管制實施手旗傳訊

何謂飛航管理（ATM）中心？
安全地管理、整合空域及交通量

　　航空管制現場會反覆確認機場、跑道、管制塔台以及航路的容量，並努力讓飛機的飛行總量達到最大值。無論是預計出發時間、想要的飛行路徑或是高度等，飛機在世界各地都會希望能夠以較少的限制，實現無接縫安全飛行。而擔任這項任務的重要角色，就是執行飛航管理管制工作的**飛航管理**（ATM：Air Traffic Management）**中心**，下列三點針對航空管制的必備要件，就是其主要工作內容。

1 飛航流量管理（ATFM：Air Traffic Flow Management）

　　日本上空遍布肉眼不可見的**航路**，也就是所謂的空中「高速公路」。此外，有些空域屬於民航機不能飛行的自衛隊訓練空域，飛機能夠使用的飛行路徑有所限制。在有限的飛行範圍內讓各種飛機能夠安全、舒適地飛行並控制整體流程的，就是**飛航流量管理**（Flow Management）。

　　飛航流量管理會先預測航空交通量、以及壅塞或天氣惡劣的空域，讓飛機在航管下能夠川流不息，在適當的航路順利飛行。如果事先預測目的地機場的壅塞狀況，就能提前限制飛行（調整飛機出發時間或在空中待機）、讓飛機在出發機場等候起飛，或是尋找並建議替代路線。

　　過去日本常有飛機在空中待機或繞行等飛航狀況，拉低乘客服務品質，也浪費了航空燃料。2005年10月，福岡設立了**飛航**

飛航管理（ATM）中心。主要職責為「飛航流量管理」（ATFM）、「空域管理」（ASM）及「洋區飛航管理」（Oceanic ATM）三項。

照片／日本國土交通省網站

流量管理（ATFM）中心，並以此為首，展開飛航流量管理，讓日本全國的飛航流量均能受到管理及控制。

② **空域管理**（ASM：Air Space Management）

仰望天空，可以看到有客機、輕型飛機、直升機以及飛船等交錯飛行。在機場或航路裡，無論是以200km／h速度飛行的輕型飛機，或是以860km／h速度巡航的噴射客機，都按照以分為單位的時間表飛航。各位可能會認為天空很寬廣，但事實上空中的交通狀況相當混亂。

因此，**空域管理**（ASM）便一直發展至今。透過空域管理，我們實施航空管制，設定能使空域有效運用至最大值的航路、也設定**RNAV**（區域航行）程序在空域中的路線，以達到不

浪費航運資源的目的。

例如當天候不佳時,為了能夠避開雷雲或亂流,改在自衛隊的訓練空域飛行,自衛隊和空域就會有所調整。飛航管理中心每日都會確認航空自衛隊訓練空域有空的時間帶,當有突發性的大規模惡劣天候狀況,就會與常駐的航空自衛隊人員討論後設定**條件性航路**(Conditional Route,特定狀況下的非常設性航路)。

③ 洋區飛航管理
(Oceanic ATM:Oceanic Air Traffic Management)

飛機要在廣大的洋區安全飛行,就必須受到航空管制。**ICAO**[1](**國際民航組織**)將航空管制責任分配至各國,洋區航空管制的責任分屬範圍也包含與各國的 **FIR**(Flight Information Region:飛航情報區)相接的公海部分。

以日本而言,福岡 FIR 就針對廣大的遠東海域進行洋區管制。福岡 FIR 又分為洋區管理北 A 管制區、洋區管理北 B 管制區、洋區管理東管制區、洋區管理南 A 管制區、洋區管理南 B 管制區等 5 個管制區(sector)。

最近正在引進的 **ADS**(**自動回報監視**:Automatic Dependent Surveillance)就是透過**管制員—駕駛員資料鏈結通信**(CPDLC[2]),將客機現在的位置及高度傳送給管制單位。

同時,飛機上搭載的導航電腦位置數據也會自動傳送至管制單位的雷達畫面,讓管制單位能夠掌握在洋區飛行的飛機位置。

管制員對進入各管制區的飛機,一面以電子管制條(Eelectronic Flight Strip)或文字即時監控,一面與飛行員交換

※1　ICAO(International Civil Aviation Organization)是以國際航空發展為目標的聯合國專門機構。共有 188 個成員國。

　※2　Comtroller-Pilot Data Link Communication

■ 洋區航管隔離的間距縮短了

MTSAT-1R導入前

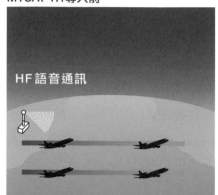

HF語音通訊

MTSAT-1R導入後

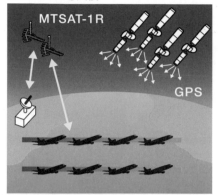

MTSAT-1R

GPS

洋區航管隔離	導入前	導入後（1顆衛星）	導入後（2顆衛星以上）
前後隔離	120海浬	50海浬	30海浬
左右隔離	50海浬	50海浬	30海浬

左圖為導入MTSAT-1R前，右圖為導入MTSAT-1R後洋區航管隔離的間距（前後隔離、左右隔離）。透過導入MTSAT-1R，就能夠正確掌握洋區管制的位置訊息，縮短前後隔離。MTSAT-2導入後，無論前後或左右隔離都更為短縮。

出處／國土交通省網站

情報來做洋區管制。

　　有關飛機間的管制間距，在2005年發射**MTSAT-1R**（多功能運輸衛星新1號機）之後，透過**衛星數據鏈通訊**[3]，前後隔離從120海浬[4]（約222km）縮短至50海浬（約93km）（左右隔離在導入MTSAT-1R前後皆維持在50海浬）。

　　其後，自2008年起開始使用**MTSAT-2**（多功能運輸衛星新2號機），前後隔離和左右隔離都從50海浬（約93km）縮短至30海浬（約56km）。

　　藉由縮短管制隔離，一年的燃料消耗量減少了1,400萬公升（鐵桶油罐7萬桶），換算成金額，約節省了12億7000萬日圓

---

[3] 使用通訊衛星的數據通訊，用來通報飛機的GPS定位資訊，或給飛行員與管制員做訊息交換。衛星數據鏈通訊能縮短飛機間的安全隔離、可擴大飛航流量。

[4] 1海浬（nautical mile）=1.852km。

（2007年）。CO_2的排放量也降低了34,000噸（6500個一般家庭的排出量）。

○ 安全運航的決定性因素是交通氣象中心

　　氣象資訊對飛航人員而言，是安全運航的基石。2005年10月，飛航管理中心設置了**航空交通氣象中心**（ATMetC），其任務就是預想惡劣天候是否影響飛航管理、分析可能會產生影響的惡劣天候，並且預測其開始及結束狀況。飛航管理中心8個大型顯示器中，有2個用來顯示氣象資訊，最新的氣象資訊會透過無線電，將文字、圖片及影像即時傳達給飛航人員。

ATM氣象資訊　29日03UTC　*航空交通氣象中心*

空域

九州西海上　03~ CB
九州南部　03~ CB

※CB：積雨雲

機場

RJAA　03~07　進入管制區CB

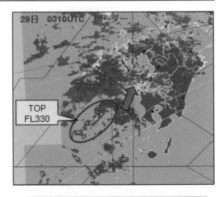

九州南部的CB（約TOP FL330）
緩緩朝東北前進
傍晚左右，預計強回波區將擴展
至九州西南海上

RJTT UTC	0300實況	~04	~05	~06	~07	~08	~09
風向	350	030	030	040	080	080	040
風速(kt)	9	8	8	8	10	10	8
視程(m)	9000	8000	8000	8000	8000	8000	4000
雲幕高(ft)	1600	2000	2000	2000	2000	2000	2000
天氣	-RA	-RA	-RA	-RA	-RA	-RA	-RA

RJAA UTC	0300實況	~04	~05	~06	~07	~08	~09
風向	340	020	040	040	080	100	100
風速(kt)	11	8	8	8	6	6	6
視程(m)	2200	3000	3000	3000	4000	4000	4000
雲幕高(ft)	1200	800	800	800	1200	1200	1200
天氣	-RA	-RA	-RA	-RA	-RA	-RA	-RA

航空交通氣象中心提供的氣象資訊又稱為ATM氣象資訊。該氣象中心會預測空域或機場的惡劣天候的開始及結束時間、羽田／成田機場的氣象，以及會影響飛航流量的現象，並將所有資訊匯整在一起，發布訊息以提起注意。

出處／《飛航氣象中心提供之氣象資訊》（飛航氣象中心）

1-4
science of
air traffic
control

航空管制員的工作為何？
讓飛機安全又有效率地飛航

　　全球的航空交通均以ICAO所制定的國際標準航空系統進行。各會員國分別針對各自負責的空域、FIR（飛航情報區）進行航空管制。此外，ICAO會將新世代航空的概念提案給各國，再由各國展開對策。日本的航空政策則由國土交通省航空局為首，進行規劃及施行。

◆ICAO制定的航空管制目的
* 提升航空交通安全性
* 形成有效率的航空交通
* 擴大航空交通容量
* 形成有效率的航空保安系統
* 減輕飛行員及管制員的工作量

　　現今全球航空現場在航空旅客運輸及航空貨物運輸上，都預計會有顯著的增長。飛航目的地和使用方式也有各種變化。

　　ICAO為了因應這種大幅度需要的增加以及多樣化的需求，呼籲各同盟國啟用CNS/ATM系統（Communication, Navigation, Surveillance / Air Traffic Management system）。

　　CNS/ATM是以航空衛星為主的新一代航空保安系統，日本也已開始引進（參照1-6）。航空管制員就在新舊系統混用的情況下執行任務。

最重要的飛行管理系統為何？
飛機最重要的裝備

　　現在，客機的飛行行程都按照出發前輸入的資訊進行，而飛機本身最重要的導航系統就是 **FMS**（Flight Management System：飛航管理系統）。FMS是能自動執行飛行管埋（從飛機起飛到降落為止的導航、操縱、推力調整、引導等）的系統，也是管理全體飛航的裝置。在波音767及A310以後開發的飛機，都有這項標準配備。

　　FMS的電腦裡輸入了導航數據庫，飛行員隨時能夠參考與FMS連線的 **CDU**（Control Display Unit，控制顯示螢幕）導航數據。導航數據就是機場、跑道、停機坪、航路、航線、**ILS**（Instrument Landing System：儀器降落系統）、VOR/DME[※]

■ FMS的飛航示意圖

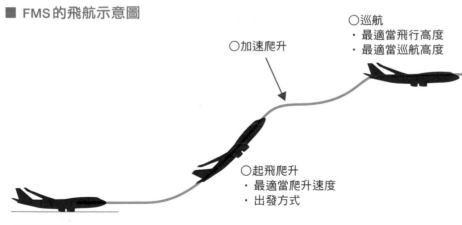

○巡航
・最適當飛行高度
・最適當巡航高度

○加速爬升

○起飛爬升
・最適當爬升速度
・出發方式

○準備飛行
・慣性參考系統啟動
・登機門位置輸入
・航線選定

　　※　VHF Omni-directional Radio range beacon / Distance Measuring Equipment

（特高頻多向導航台／測距儀）等助航設備、每個機場的出發／
進入方式等相關的資訊。

　　出發時，只要依照飛行計畫輸入從起飛跑道的出發方式，以
及到目的地之間的飛行路線，FMS就能顯示出水平面內的
L-NAV（水平導航）、高度方向的**V-NAV**（垂直導航）等資訊，
配合飛行路線，再參照電腦內留存的導航數據，就能夠自動引導
飛行。引導飛行所必須的VOR/DME等系統也會自動選取判定。

　　導航數據在CDU上以文字呈現，同時電子飛行儀表系統會在
電子飛行儀表系統（EFIS：Electronic Flight Instrument System）
上以地圖標示，如此就能夠確切掌握飛機的位置關係。

　　此外，FMS系統也能夠完全對應下一節要說明的CNS/
ATM。

FMS會根據輸入的數據飛行計畫，
自動進行導航、操控以及決定推進
力、引導管理。

出處／《航空實用手冊》日本航空公
關部／編（朝日新聞社，2007年）

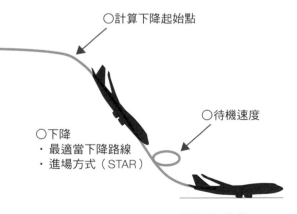

○計算下降起始點

○待機速度

○下降
・最適當下降路線
・進場方式（STAR）

○進場、降落
・顯示進場模式
・進場／重飛

飛機如何通訊？
從聲音通訊到數據通訊

　　飛機從起飛到降落，其飛行方式、飛行路線等與導航相關的訊息都由航空管制員提出指示及許可，並與飛行員互相溝通。到目前為止，航空管制員與飛行員之間的通訊，主要都是以聲音訊息傳遞。

　　但是現今有一種稱為 **CNS/ATM 的導航系統**登場，這是利用通訊衛星或數據通訊運作的新航空交通管制系統。

○ 通訊（Communication）

　　MTSAT（多功能運輸衛星）發射到高空軌道上。CNS/ATM系統取代聲音通訊，使用這些**通訊衛星系統的數據**與 **VHF**（極高頻）。

　　數據通訊是即時化的，並事先與內置的通訊模式自動對應，**管制員——駕駛員資料鏈結通信（CPDLC）**實現了高信賴度的航空交通管制。透過這些，航空管制員與飛行員的負擔大為減輕，通訊時間也比聲音通訊時代更為縮短。此外，乘客也能透過機上的衛星電話，與地面的一般電話進行通話。

○ 導航（Navigation）

　　CNS/ATM系統中，FMS會接收 **GPS**[1]（全球定位系統）衛星所發送的GPS訊號，擁有能夠掌握正確位置的功能。使用GPS導航的又稱為 **GNSS**[2]（全球衛星導航系統）。

　　※1　Global Positioning

　　※2　Global Navigation Satellite System

○ 監視（Surveillance）

　　CNS/ATM系統使用的是第**1-3**節介紹的**ADS**（自動回報監視）。

■ CNS/ATM系統示意圖

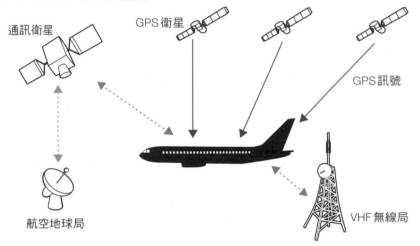

CNS/ATM系統使用MTSAT或VHF通訊，透過從GPS接收到的位置訊息提供正確導航，並透過ADS系統進行監視。
出處／《航空實用手冊》日本航空公關部／編（朝日新聞社，2007年）

■ 機上CNS/ATM系統

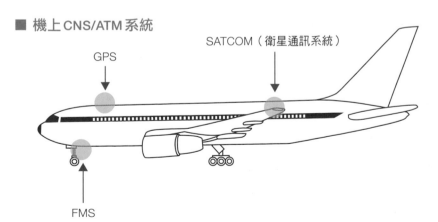

使用CNS/ATM系統的飛機，均配備FMS、GPS、SATCOM（衛星通訊系統）。
出處／《航空實用手冊》日本航空公關部／編（朝日新聞社，2007年）

何謂航點？
飛機通過的「關口」

　　飛機從機場起飛後，會經過機場管制進入航路。進入航路的飛機，會遵循事前決定好的航點飛行。航點在儀器進場程序中，又稱為定位點（Fix）。

　　飛行的起始點、通過點、終點及監管點等都以航點設定，大部分的航點都位於 **VOR**（特高頻多向導航台）。於 FIR（飛航情報區）內飛行的飛機，在沒有雷達管制的情況下通過通報執勤的航點上空時，就有義務要通報本機的註冊編號、無線電呼號、以及通過該地點的通過時間及高度、下一個預計通過地點及預計通過時刻等。

例　從成田機場到那霸機場之間飛行的飛機所通過的航點

KOWA-LABEL-SHINODA-PROOP-AWAJI-KOCHI-SUSAKU-OKITSU-SHIMIZU-MADOG-HIROS-JAKY-QEEN-JOKER-NAKATANE-SEPIA-EMILY-AMAMI

　　另外，國土交通省航空局所編輯的**航空路誌**（**AIP**：Aeronautical Information Publication，台灣稱作飛航指南）裡，有航路、助航設備、無線電頻率、以及儀器進場程序等，涵蓋了飛機飛行所需的各種面向規則及數據。由於這些訊息會不停更新改正，是飛行員必備的情報資訊。這些訊息也可以透過網路閱覽（https://aisjapan.mlit.go.jp/）。此外，自衛隊機用的《**航空路圖誌**》（**FIP**：Flight Information Publication）則由日本國防部發行。

■ 航路圖（Enroute Chart）

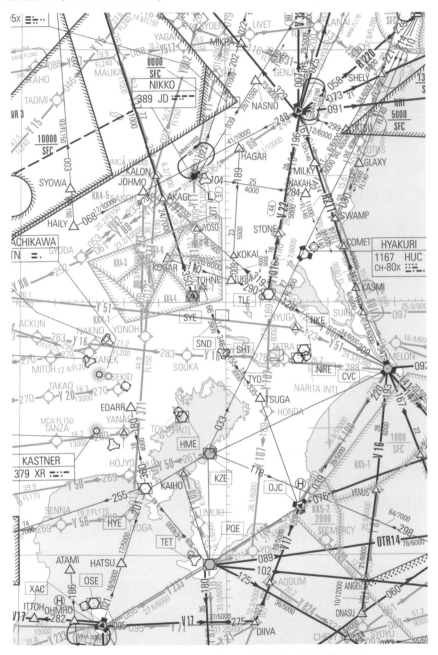

標示飛行所必須的航空標示航點、VOR 等、以及頻率、方位等的地圖。

出處／AIP（國土交通省）

提高導航精確度的技術為何？
總算能夠直線航行的理由

從起飛到降落，飛機在沒有路標、方向也沒有招牌的天空中到底是怎麼飛行的？

飛行員在飛航時仰賴的是**航空無線電助航設備**（aeronautical radio navigation aid），那是各種發送無線電來幫助飛航的設備。在航路上的航空無線電助航設備，有前述的**VOR**以及**DME**（測距儀）等數種。

VOR會對覆蓋範圍內飛行於航路之上的飛機發射VHF（特高頻），不斷顯示飛機與VOR的方位角。飛機藉此能夠正確掌握VOR的方向，一面追蹤VOR，一面往目的地機場飛行。由於VHF的電波不會因為天候急遽變化而產生干擾，因此能夠預防飛機偏離航路。

DME系統是用來測量飛機與地面DME裝置之間的距離。先從飛機上發射詢問脈衝信號，再從接收端的DME發射回覆脈衝信號，並測量兩者接收訊息的往返時間，計算出飛機和DME設備之間的距離。通常DME會與VOR同時設置，讓VOR與飛機方位以及距離能夠正確顯示，這是相當重要的航空助航設備。

利用這種方式飛航的路徑，又稱為**VOR/DME路線**。

○ 從 VOR/DME 路線到 RNAV（區域航行）路線

如上所述，飛機會將VOR/DME視為無線電塔台，然後沿著各塔台做出曲折的飛行路線，不過最近配備FMS（飛行管理系

■ VOR/DME 的機制

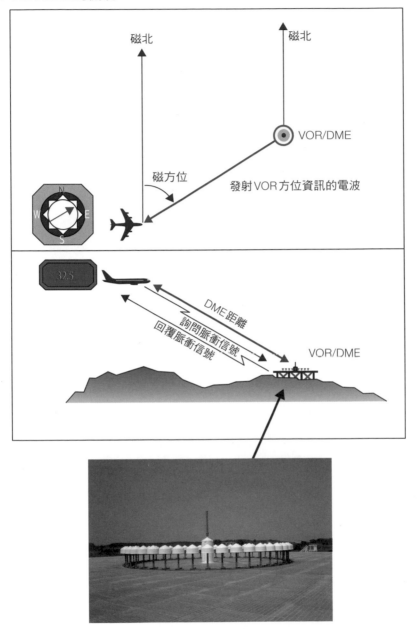

磁北

磁北

VOR/DME

磁方位

發射 VOR 方位資訊的電波

N

W　E

S

32.5

DME 距離

詢問脈衝信號

回覆脈衝信號

VOR/DME

VOR/DME 是無線電塔台。飛機藉由收發脈衝信號來交換訊息，並一面確認自機方位而飛行。

出處／國土交通省網站

統）或INS（慣性導航系統）的飛機增加，因此已經能夠運用這些裝置來飛航。

這類裝置就是 **RNAV**（區域航行）。RNAV裝置是利用GPS等系統測定本機位置，經過計算處理後便能靈活設定飛行路線等。具體而言，就是根據本機目的地、飛航狀態等數據，讓FMS設定出更有效率的良好航路，原則上只有在地面雷達覆蓋的區域能夠自動飛航。

這樣的航行路徑就稱為 **RNAV路線**。

無論在地面或機上，兩方都能夠掌握周圍的飛機、以及航路上的各種數據，其結果就是飛機彼此之間的間隔能夠縮短10～20海浬。也因為間隔縮短，變得能夠增加並行航路以及航班數量，擴大了飛航容量，且效率及安全性也大為提升。

像這樣透過「航空管制可視化」，就能夠實現高精確度的導航，**讓飛機彼此前後左右的間隔（機距）密度約成長4倍**。透過這項改善，空中的尖峰時刻獲得紓解，也讓許多飛機能夠同時飛航，大幅縮短時間及降低燃料費用。

航空系統的新世代化一掃過去航空管制的空白地帶、雜訊以及中斷的現象，更達到縮短通訊時間的效果。管制員和飛行員的負擔變輕，也能夠實現高安全性的飛航，逐漸提升了飛航安全及旅客的便利性。

■ VOR/DME 導航與 RNAV 的差異

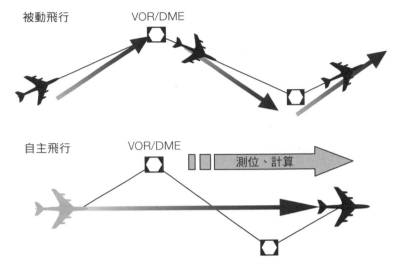

VOR/DME 導航是透過 VOR/DME 電波相互傳遞來確認本機位置,並結合 VOR/DME 產生曲折的飛行路線。RNAV 則是以 VOR/DME 或 GPS 訊號為基準,由本機自己測位、計算並主動飛行。

■ VOR/DME 導航 RNAV 的航線比較

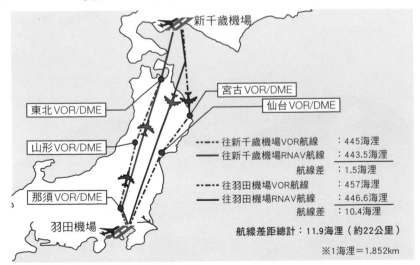

RNAV 不須沿著 VOR/DME 的座落點飛行,因此能夠大幅縮短航線距離,節省燃料費。

如何監視飛機？

無論是國內飛航或洋區飛航，MTSAT都能顯示

　　日本國內所有飛機的飛航都使用覆蓋日本國土全區空域的雷達畫面來**監視**（Surveillance）。洋區飛行則會使用HF（高頻）接收飛行員以聲音所發出的定時位置通報，並加以監視。

　　但是現行的系統對電波的覆蓋區域以及容量皆有限制，由於無法處理今後20～25年間預計大幅增加的航空需求量，現行系統採用前述的**ADS**（自動回報監視）監視系統來進行洋區管制。

　　這套監視系統是透過使用GPS的**GNSS**（Global Navigation

■ ADS（自動回報監視）示意圖

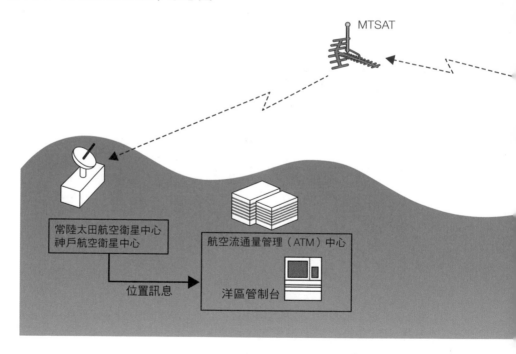

MTSAT

常陸太田航空衛星中心
神戶航空衛星中心

航空流通量管理（ATM）中心

位置訊息

洋區管制台

※　飛機透過捕捉3個導航衛星（GNSS用軌道衛星）並測得與各衛星之間的距離，再利用第4個導航衛星所發送的訊號來做時間校正，以3次元來求得飛行位置的一種導航系統。

Satellite System：全球導航衛星系統）[※]系統，將飛機獲得的位置訊息傳送至MTSAT，地面的航空管制員接收到訊息後便能做出適當處理。航空管制員標記的時候會比對現有雷達標記，來確實監控飛行中的飛機位置。

ADS能夠掌握現有雷達無法覆蓋範圍的飛行位置，因此能夠縮短管制間隔。此外，ADS對洋區飛航也有充足的區域覆蓋能力及容量，因此洋區飛航監視也大有進步。

還有，有關航空事故的原因調查，也能夠取代過去使用飛行紀錄的方式，改用事故發生前的ADS數據資料。導航數據也是將飛機飛行的狀態傳送至地面，因此能夠掌握到事故發生前的狀態。

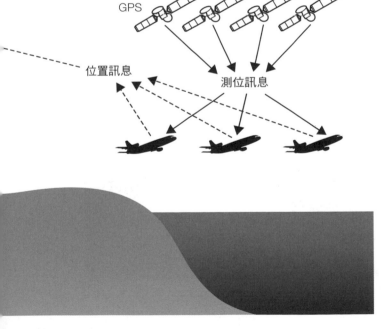

GPS

位置訊息   測位訊息

飛行中飛機的數據資料
都會透過MTSAT系統
傳遞至地面管制單位，
實現於廣大區域中達到
無死角的正確管制。

常陸太田航空衛星中心（茨城縣）

神戶航空衛星中心（兵庫縣）

○ 機場搜索雷達（ASR）

在機場監視飛機移動的是頻繁旋轉的橘色大型雷達。這是附加次級搜索雷達（SSR）系統的**機場搜索雷達（ASR）**，它會先對飛機發出詢問電波訊號，再接收從**飛機詢答機**（無線通訊中繼器）發射出的識別數據、以及高度等應答數據。

從詢問電波訊號與回覆電波訊號之間的時間差計算出方位和距離，標識完成後飛機就會被視為目標，顯示於管制雷達上。雷達電波會捕捉目標，在機場搜索雷達系統中每4秒旋轉1次、航路搜索雷達中每10秒旋轉1次，並以圓點標示目標，因此目標在雷達顯示上並非平穩移動，而是稍微有些間隔。

○ 多點定位系統

飛行的模式雖然會透過雷達即時監視，但最近以**多點定位系統（MLAT※**，一種從多點接受訊號的航空監視系統）與ADS為首，已展開相當大的變化。這可說是展開了未來航空系統的進化與努力。

多點定位系統和次級搜索雷達（SSR）系統不同，飛機上在機場內的滑行道、跑道移動時，各個通過點都配備了收訊裝置，能夠接收飛機上搭載的ACT詢答機所發出的電波訊息。

飛機發出的訊號會被3個以上的收訊裝置接收，換算各收訊裝置的收訊時間差與距離後，就能夠計算飛機的正確位置。這項數據會即時顯示，航空管制員便能夠監控。

日本將此系統用於監視機場內的飛機移動或車輛，歐美則開始廣泛用於航路管制、終端空域管制、以及最後進場監視等。

羽田機場（東京國際機場）內的ASR/SSR雷達塔。ASR雷達能夠探測到位於距離機場約110m以內空域 的飛機位置。SSR雷達會對飛機發送詢問信號，並接收從飛機發射出的回覆信號，藉此取得飛機資訊。通常與ASR雷達合併使用。

　　中國方面，在北京奧運時，為了同時運用、監視2條跑道，引進了多點定位系統。這是為了因應航空需求擴大所需。

○ ADS（自動回報監視）

　　飛機透過全球衛星導航系統（GNSS）取得本機位置數據後發送訊息，地面站接收訊息後進行分析，再將分析後的數據顯示於控制台上，這整個機制就是ADS系統。

　　會急速發展進化至這個系統，是因為現在以雷達為主的航空管制無法因應倍增的航空需求，在惡劣的天氣下或地形複雜的區

域也無法充分發揮管制功能。

○ 軌道飛行

軌道飛行（4DT：4D軌道）是新一代的航空概念。飛機飛行的是前後、左右以及上下3次元空間，若在此加上時間，就是4次元，即正確掌握飛行環境（空間、時間）以及飛機狀態（現在、未來）。

透過4次元運航，從出發機場到目的地機場建構出「透明空中隧道」，飛機便能夠井然有序地飛航。這就像「在空中飛行的新幹線」。

為了實現軌道飛行，航空管制員與飛行員之間必須共享飛航訊息，經過協調後下決策，讓發達的「機上─地面系統」預測準確度提升。

這個透明的空中隧道中，所有管制員及飛行員等相關人員皆會共享航空衛星精測出的數據資料，透過**管制員─駕駛員資料鏈結通信**（CPDLC），就能夠馬上建構出數個「安全又最快速到達目的地的航路」。

當然，如果天候狀況有緊急變化，當已經核准的軌道發生問題時，也能夠迅速靈活地修正。

空域及機場的容量和交通流量預測變得更快速，實現了安全性及高效率，即使是壅塞的空域或機場，都能夠實踐高密度運航，對於航空公司、飛行員，以及最重要的旅客而言，都帶來相當大的好處。

天空中不可見的分隔為何？
管制區域可分為6區

　　為了進行安全又有效率的飛航，全球空域有各種劃分。最大的區分就是飛機受到航空管制的**管制空域**（Controlled Airspace）、以及未受管制，靠目視飛行的**非管制空域**（Uncontrolled Airspace）。

　　在日本[※]，管制空域又可細分為以下6個。

1 **航空交通管制區**
　　從地表或水面起700英呎[※]（210m）以上高度的空域。

2 **航空交通管制圈**
　　飛機頻繁起飛降落的機場以及其一定範圍的空域。

■ 空域區分

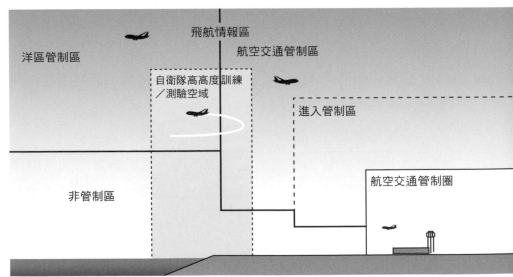

洋區管制區
飛航情報區
航空交通管制區
自衛隊高高度訓練／測驗空域
進入管制區
航空交通管制圈
非管制區

　　※　台北飛航情報區的管制空域則分為：A類、B類、C類、D類、E類空域及E類地表空域。

36　　※　1英呎＝約30cm

③ 航空交通情報圈

除前述機場以外，日本國土交通部長所指定的機場以及其一定範圍內的空域。

④ 進入管制區

管制區範圍內，從機場起飛上升、或降落下降飛行的空域。

⑤ 特別管制空域

航空交通相當擁擠（壅塞）的空域。

⑥ 民間訓練空域

進行特技飛行的空域。

非管制空域就是上述以外的空域範圍。此外也有如下述由自衛隊或美軍管轄的空域範圍。

- **自衛隊高高度訓練／測驗空域**
- **自衛隊低高度訓練／測驗空域**
- **美軍限制空域**

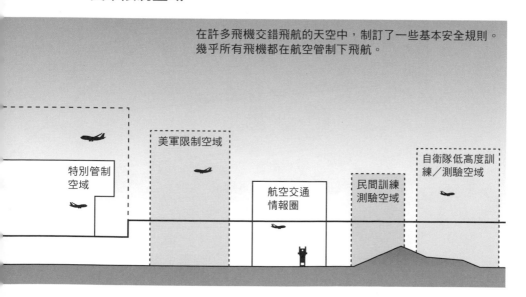

在許多飛機交錯飛航的天空中，制訂了一些基本安全規則。幾乎所有飛機都在航空管制下飛航。

美軍限制空域

特別管制空域

自衛隊低高度訓練／測驗空域

航空交通情報圈

民間訓練測驗空域

※　透過區分空域為訓練／測驗空域或其他，來確保彼此安全。

■ 機場附近的航空管制機制

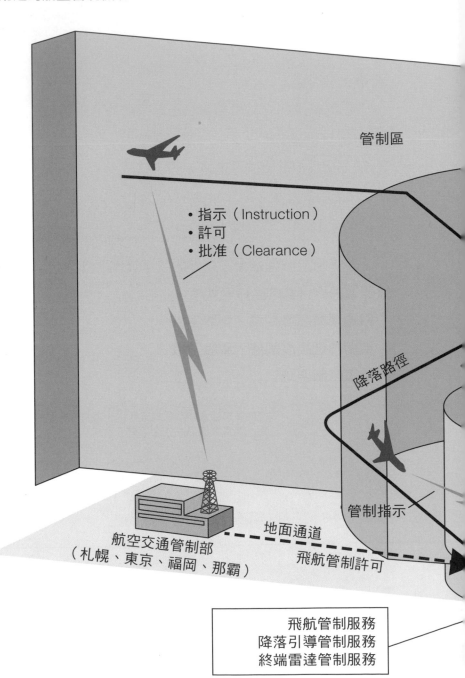

管制區

- 指示（Instruction）
- 許可
- 批准（Clearance）

降落路徑

管制指示

地面通道

航空交通管制部
（札幌、東京、福岡、那霸）

飛航管制許可

飛航管制服務
降落引導管制服務
終端雷達管制服務

在機場附近飛航的起降飛機會由各部門以接力的方式
管制：管制塔負責機場管制（管制圈）；終端雷達管
制所負責進入管制區（除起飛航班外）；航空交通管
制部負責管制區。

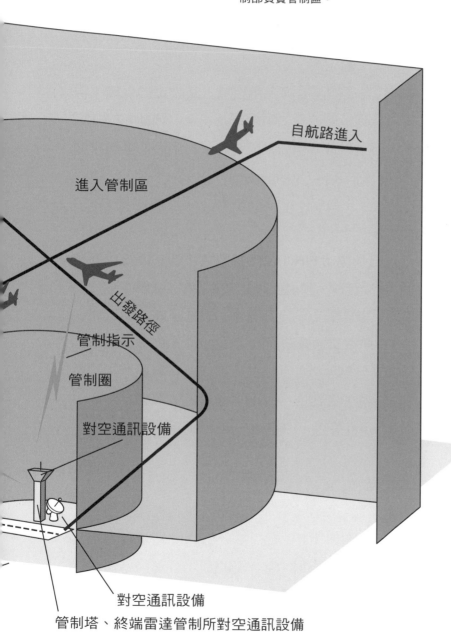

自航路進入

進入管制區

出發路徑

管制指示

管制圈

對空通訊設備

對空通訊設備

管制塔、終端雷達管制所對空通訊設備

○ FIR（飛航情報區）為何？

管制空域還有一種大項區分方式，那就是 **FIR**（Flight Information Region：飛航情報區）。FIR 屬於提供飛機飛航時所需的各種情報資訊、以及進行搜尋救難的空域範圍，由 ICAO（國際民間航空組織）設定。

FIR 區域範圍包含領空及公海上空空域，其設定的根據不只是領空主權，更考量到飛航流量的順暢以及安全。因此它的名稱並非以國家命名，而是以負責擔任飛航資訊服務中心的名稱來命名之。例如「海參崴 FIR」（Vladivostok FIR）、「仁川 FIR」（Inchon FIR）、「台北 FIR」、「福岡 FIR」、「奧克蘭 FIR」（Auckland FIR）等。

覆蓋日本全區的是**福岡 FIR**（福岡飛航情報區），由於逐漸壅塞的洋區管制，以及該點身為包含日本的遠東空域航空交通要塞，加上它是新一代航空管制的全球基地，目前正在重新改組。FIR 區域內又可分為**航空交通管制區域**（Control Area）以及**洋區管制區域**。航空交通管制區域如前所述，而洋區管制區域指的是 FIR 區域內的洋區空域，也就是「**QNH**[※1]**適用區域邊界**」外側，原則上指從海面起 5,500 英呎（1,650m）以上的空間。

○ 領空及防空識別區

「**領空**」的意思是一個國家的領土及領海（自海岸線起往外 12 海浬的距離）上空範圍。如果要問哪一個高度範圍內可稱為領空，一般的認知都是在大氣圈以內。這就是為什麼人造衛星能夠在宇宙空間內自由環行。「**防空識別區**」會在敵我不明的飛機

※1　一種高度計的撥定方式

　※2　約22.2km

進入領空前先做辨別，屬於攔截區域。一旦進入領空，即使緊急派出（緊急出發）負責警戒任務的攔截機也來不及了。由於防空識別區是由各國依照各自狀況自行決定，**有時會和其他國家的防空識別區重疊**。因此即使防空識別圈內有其他國家的飛機擅自闖入，也不能算是非法行為，但闖入的飛機還是會被視為緊急出動任務的對象。

■ 防空識別區（Air Defense Identification Zone）

防空識別區為下圖外側以粗實線圈起的範圍起，扣除內側粗實線圈起的範圍後所剩的灰色區域。

出處／AIP（國土交通省）

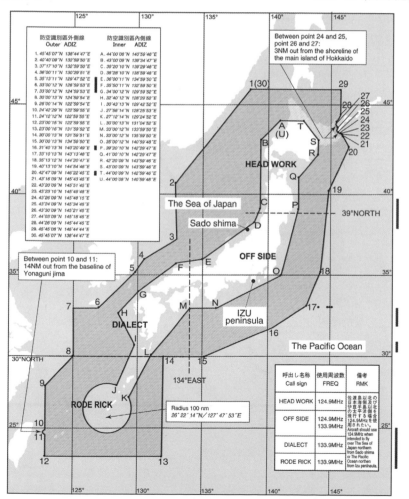

■ 福岡 FIR

覆蓋日本全區的福岡 FIR（黑色框線內）
航空管制是以航空交通管理中心為首，
分別由位於札幌、東京、福岡及那霸的4
個航空交通管制部門進行。這4個區域之
間同時無縫地進行航空管制。

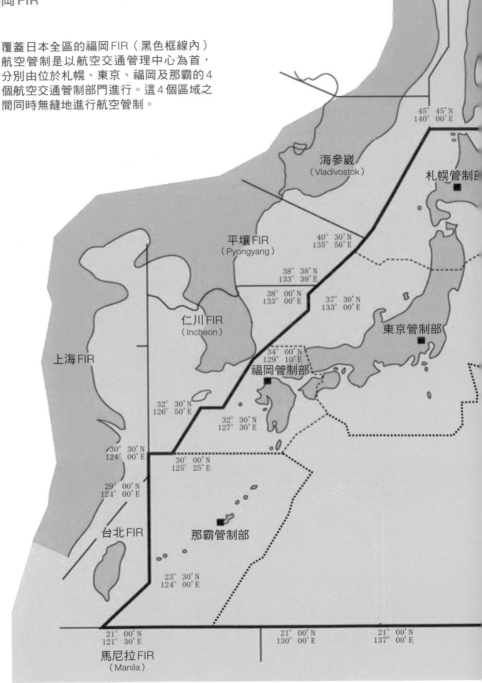

海参崴
（Vladivostok）

45°　45' N
140°　00' E

札幌管制部

40°　30' N
135°　56' E

平壤 FIR
（Pyongyang）

38°　38' N
133°　39' E

38°　00' N
133°　00' E

37°　30' N
133°　00' E

仁川 FIR
（Incheon）

東京管制部

34°　00' N
129°　10' E

上海 FIR

福岡管制部

32°　30' N
126°　50' E

32°　30' N
127°　30' E

30°　30' N
124°　00' E

30°　00' N
125°　25' E

29°　00' N
124°　00' E

台北 FIR

那霸管制部

23°　30' N
124°　00' E

21°　00' N
121°　30' E

21°　00' N
130°　00' E

21°　00' N
137°　00' E

馬尼拉 FIR
（Manila）

南薩哈林斯克 FIR
（Yuzhno- Sakhalinsk，
位於俄羅斯庫頁島）

彼得巴甫洛夫斯克・堪察加 FIR
（Petropavlovsk-Kamchatskii）

50° 05' N
159° 00' E

安克拉治 FIR
（Anchorage）

45° 45' N
142° 00' E

44° 30' N
145° 40' E

45° 00' N
150° 00' E

45° 42' N
162° 55' E

43° 00' N
146° 50' E

43° 20' N
145° 50' E

43° 00' N
165° 00' E

航空交通管理中心

福岡 FIR

27° 00' N
155° 00' E

27° 00' N
165° 00' E

奧克蘭 FIR
（Auckland）

21° 00' N
155° 00' E

何謂VFR和IFR？
靠己力飛航，或是接受管制

　　飛機的飛航方式有2種，一種是靠飛行員判斷飛航的**VFR**（Visual Flight Rules：目視飛航規則）另一種是常態依照航空管制單位指示飛航的**IFR**（Instrument Flight Rules：儀器飛航規則）。

○ VFR（目視飛航規則）

　　VFR是依靠飛行員目視飛航，飛航條件必須在始終能確保能見度下的天氣狀況。也就是說，VFR是以**VMC**（Visual Meteorological Condition：目視天氣狀況）為前提條件。如果此項條件能滿足，只要向機場辦事處提出飛航計畫便能飛航。

　　如果是在以VFR能夠決定的飛航高度下，雖然能夠由飛行員判斷自由選擇高度，但在機場及機場周邊，仍然要遵守管制單位的指示。此外在特別管制空域、或管制圈內飛行導航時，必須遵照管制單位的無線電指示，在特定的**位置進行通報**。

　　所謂位置通報，指的是無論是在目視飛航規則下，或是後面將要介紹的儀器飛航規則，除了受到雷達管制的飛機以外，只要在福岡FIR內飛行的飛機，都要在特定地點以及規定的地點，用規定的方式向航路管制單位通報自己的位置。

　　位置通報點主要都在VOR等無線電設備的正上方。有關在洋區飛航的飛機位置通報點，在以東西向路線飛航時則用經線表示（例如：東京150度），若以南北向飛航，則用每10度為區隔

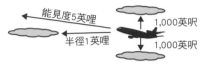

■ 目視飛航的條件

・高度10,000英呎（3,000m）以上

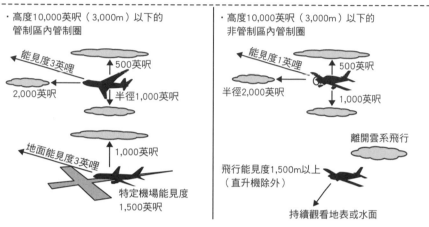

・高度10,000英呎（3,000m）以下的
　管制區內管制圈

・高度10,000英呎（3,000m）以下的
　非管制區內管制圈

能見度5英哩

1,000英呎

半徑1英哩

1,000英呎

能見度3英哩

500英呎

2,000英呎

半徑1,000英呎

地面能見度3英哩

1,000英呎

特定機場能見度
1,500英呎

能見度1英哩

500英呎

半徑2,000英呎

1,000英呎

離開雲系飛行

飛行能見度1,500m以上
（直升機除外）

持續觀看地表或水面

能夠進行目視飛航的條件，在高度10,000英呎（3,000m）以上，以及高度10,000
英呎（3,000m以下）管制區域管制圈、及非管制區域管制圈3者之間各不相同。
出處／《航空實用手冊》日本航空公關部／編（朝日新聞社，2007年）

的緯線表示（例如：北緯30度）。

　　通報內容為自機登錄號或無線電呼叫號、以及通過該地點的
時間及高度、下一個預定通過地點以及預定通過時刻。

○ IFR（儀器飛航規則）

　　當氣象條件不能滿足VMC（目視天氣狀況）時，在能見度
不良的天候（IMC：儀器飛航狀態）下無法進行目視飛航。此
外，以客機安全及定時飛航的觀點而言，還是較常使用IFR。

　　IFR會受理**管制核准**及**飛航管制許可**。管制核准是相關管制

單位針對提出飛航計畫進行儀器飛航的飛機，對其到達目的地前的路徑、高度等提出核准。

飛航管制許可是在實際飛航下，從起飛到降落之間的許可管制。代表性的飛航管制許可有：

- **起飛許可**（take off clearance）
- **進場許可**（approach clearance）
- **降落許可**（landing clearance）

等。

此外 IFR 飛機無論是出發到達時刻或是航路上，經常會接收到來自管制員的**管制隔離**指示。管制隔離是管制員所保證的飛機間最短間距，分別有以下 3 種。

- **垂直隔離**
- **前後隔離**

■ 目視飛航的條件

			能見度	
高度 10,000 英呎 （3,000m）以上	管制區域內／ 管制區域外	空域	5 英哩 （8,000m）	
高度 10,000 英呎 （3,000m）以下	管制區域內／ 管制圈內	空域	3 英哩 （5,000m）	
		機場[※1]		
	管制區域外／ 管制圈外	高度超過 1,000 英呎 （3,000m）的空域	1 英哩 （1,500m）	
		高度低於 1,000 英呎 （3,000m）的空域	1 英哩 （1,500m）[※2]	

※1　羽田機場　能見度 5 英哩（8,000m），雲高 1,500 英呎（450m）

　※2　直升機在能見度未達 1 英哩下仍可飛行

・左右隔離

無論是上述哪一種隔離，IFR飛機都仰賴管制員設定。另外，VFR飛機載管制圈以及特別管制空域內，也受到相同的管制。

○ 飛機彼此之間的最短間隔為？

以羽田機場或成田機場等終端機場而言，在尖鋒時段不斷地反覆進行飛機起降的程序，其間隔為2分鐘，速度大約為250km／h。因此連接機場與航路的**標準儀器離場**（SID：Standard Instrument Departure）以及連接標準儀器離場與航路的**過渡航路**（TR：Transition Route）相當壅塞。航路上當然也有很多飛機，巡航速度約為800km／h。

要是在這種壅塞的情況下，各架飛機毫無秩序地飛航，一定會不斷發生各種狀況和事故。因此航空管制員必須讓飛機在能夠

與雲之間的距離			
垂直方向			水平方向（半徑）
上方	下方	雲高	
1,000英呎（300m）	1,000英呎（300m）	—	1英哩（1,500m）
500英呎（150m）	1,000英呎（300m）	—	2,000英呎（600m）
—	—	1,000英呎（300m）	—
500英呎（150m）	1,000英呎（300m）	—	2,000英呎（600m）
離開雲系且持續觀看地表或水面			

英哩：法定英哩

目視飛航的條件必須在能夠確保飛行員能見度的氣象條件下進行。
出處／《航空實用手冊》日本航空公關部／編（朝日新聞社，2007年）

安全運航的狀況下有秩序地飛航，並確保飛機與其他飛機之間的最小間距。這些間距分別為①垂直隔離②前後隔離③左右隔離。飛行員會接收管制員的指示，一邊飛行一邊遵守這些間距。

　　航空管制員位飛機與飛機之間所設定的間距是**安全的最小間隔**。如果間隔過短便無法確保安全，間隔過長會浪費過多的時間及燃料，也會降低乘客的方便性及效率。

1 垂直隔離

　　日本向東的磁方位角為000（360）～ 179°，向西的磁方位角為180 ～ 359°，無論向東或向西，各自都按照圖示，以固定的**高度（飛航空層，Flight Level）**飛航。垂直隔離下的飛機集中區域是20,000 ～ 40,000英呎（6,000m ～ 12,000m），各種不同類型及功能的飛機都以接近音速的速度飛航。

　　IFR 飛機巡航時，高度為29,000 ～ 41,000英呎（8,700 ～ 12,300m），其垂直隔離設定為2,000英呎（600m），但現在交通量增加，且導航儀器※也大有進步，實際上高度29,000 ～ 41,000英呎內的垂直隔離為1,000英呎（300m）。這就稱為**垂直隔離縮減（RVSM）**。此外，高度未達29,000英呎時，仍以1,000英呎（300m）的間距飛航。

　　尤其是在高度26,000 ～ 36000英呎（7,800m ～ 10,800m）之間的11條航路，常為次音速（815 ～ 916km ／ h）飛機的飛航集中帶。這是因為次音速飛航為經濟考量下的選擇。過去協和式客機在超越音速下飛航時，為了要克服急速產生的巨大阻力，必須啟動「後燃器」（after burner，又稱reheat），讓推進力一下

※　①2個以上的獨立高度儀器系統②高度反應設備③高度警報系統④自動高度控制系統

■ 管制下的垂直隔離

飛航路徑（磁方位角）	000° ～ 179°		180° ～ 359°	
IFR／VFR	僅IFR		僅IFR	
高度29,000英呎 （8,700m）以上	・ 49,000英呎（14,700m） 45,000英呎（13,500m）		・ 47,000英呎（14,100m） 43,000英呎（12,900m）	
	29,000英呎（8,700m）以上，41,000英呎（12,300m）以下高度參照下圖			
	IFR	VFR	IFR	VFR
高度未達29,000英呎 （8,700m）	27,000英呎 （8,100m）	27,500英呎 （8,250m）	28,000英呎 （8,400m）	28,500英呎 （8,550m）
	・	・	・	・
	17,000英呎 （5,100m）	17,500英呎 （5,250m）	16,000英呎 （4,800m）	16,500英呎 （4,950m）
	15,000英呎 （4,500m）	15,500英呎 （4,650m）	14,000英呎 （4,200m）	14,500英呎 （4,350m）
	13,000英呎 （3,900m）	13,500英呎 （4,050m）	12,000英呎 （3,600m）	12,500英呎 （3,750m）
	11,000英呎 （3,300m）	11,500英呎 （3,450m）	10,000英呎 （3,000m）	10,500英呎 （3,150m）
	・	・	・	・

飛機的飛航路徑（磁方位角）及飛航方式（VFR或IFR）會依飛航高度是否達29,000英呎來決定其垂直隔離及可飛航高度。

■ 29,000英呎以上，41,000英呎以下的垂直隔離縮減（RVSM）

高度	飛航方向向東（0°～179°）	飛航方向向西（180°～359°）
（英呎） 41,000		
40,000		
39,000		
38,000		
37,000		
36,000		
35,000		
34,000		
33,000		
32,000		
31,000		
30,000		
29,000		

隨著導航儀器進步，自2005年9月起，高度29,000～41,000英呎間的垂直隔離改為1,000英呎。這就稱為垂直隔離縮減（RVSM）。

子大幅上升。但是，後燃器需要消耗大量燃料。

　　而且高度在36,000英呎以上便進入平流層，此處的氣流比對流層相對穩定。因此協和式客機均在這個高度以上巡航。此外，平流層的高度會因季節不同而異。

② 前後隔離

　　依據飛機飛航速度、路徑以及地面無線電信標台的層級等條件，便能夠設定距離的隔離（以海浬為單位）、以及時間的隔離（以分為單位）。當飛機在同一方向、同一高度以及同樣速度下飛航時，原則上VOR／DME系統及TACAN系統[※]（太康台，用於軍用航空系統，也可供民間使用）採用20海浬隔離，VOR採用10分鐘隔離，洋區採用15分鐘隔離。

③ 左右隔離

　　在同一高度飛行下的飛機之間左右隔離的間距為：在VOR、TACAN系統支援下，為積體中心線兩側4海浬（7.4km）的距離；在洋區時，原則上隔離距離為中心線兩側50海浬（93km）；在日本海及東南亞洋區飛航時，為中心線兩側25海浬（46km）。此外，管制員在使用雷達設定隔離間距時，也能夠將前後及左右隔離縮小。

　　最近飛機所搭載的導航系統已日漸發達，有時也會不依照導航儀器種類，改採用搭配性能來管理飛航的性能導航（PBN：Performance Baced Navigation）。

　　※　tactical air navigation system戰術空中導航系統，俗稱太康台。

■ 前後隔離的分隔範例

←20海浬或10分鐘→

9.000（英呎）
8.000
7.000

←10海浬→

9.000（英呎）
8.000
7.000

←10海浬→

依照高度或導航搭載儀器，設定前後隔離的距離或時間。上圖的例子表示：前後隔離取20海浬（37km）或10分鐘。中圖及下圖表示：當下降中或上升中的飛機的高度達到與水平飛行中的飛機高度相同時，前後隔離會取10海浬（18km）的距離。

出處／《航空實用手冊》日本航空公關部／編（朝日新聞社，2007年）

■ 左右隔離的分隔範例

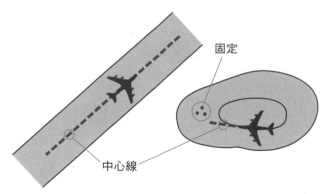

固定

中心線

在同一高度下的左右隔離：①當接受VOR及TACAN系統支援時，左右隔離為中心線兩側4海浬（7.4km），②在日本海及東南亞洋區時，為中心線兩側25海浬（46km），③在其他的洋區時，原則上為中心線兩側50海浬（93km）的距離（左圖）。最近有時也會根據搭載的導航儀器性能來判斷左右隔離。待機路徑一般設定會設定在某定位點上空，且不與其他航空器的保護空域重複（右圖）。

出處／《航空實用手冊》日本航空公關部／編（朝日新聞社，2007年）

○ 機尾亂流時的隔離

　　飛機在飛行中，會從機翼測產生渦流，以及因引擎高速排放廢氣而產生**機尾亂流**（wake turbulence）。由於機尾亂流對在後方飛行的飛機會產生重大影響，因此需要安全的管制隔離。雷達管制時會採用距離隔離，無雷達時則適用於時間隔離。

■ 機尾亂流時的隔離

	時間	雷達距離
重型飛機～重型飛機	2分或3分※	4海浬
重型飛機～中型飛機	2分或3分	5海浬
重型飛機～輕型飛機	2分或3分	6海浬
中型飛機～輕型飛機	2分或3分	5海浬

重型飛機：最大起飛重量30萬磅（136噸）以上（B747、B777、MD11、A380、A340、A330、A310）

中型飛機：最大起飛重量15,500磅（1噸）以上，未滿30萬磅（US1、B757、B737、MD90、MD80、A320、YS11）

輕型飛機：最大起飛重量未達15,500磅（C172、PA34、BE9L、AC68、C501）

※　3分鐘為交叉口起飛（指從跑道中段的任一交叉口起飛）

紅色旋渦為機尾亂流（紅色為著色處理）

照片／NASA（美國航空太空總署）

1－12

science of
air traffic
control

何謂航路？
蔓延於天空中的公路

　　如第1-10節所述，航空交通管制區域屬於高度700英呎（210m）以上的空域。在這個空間裡設定許多飛機頻繁飛航的航路。航路通常是受保護空域（一定範圍內）的飛行路徑，路途中會連結數個無線導航裝置（在法律上稱為航點），並且是透過通知被指定的路線。

　　航路的名稱會用「A、B、G、R、V或W」等字母符號和數字組合而命名。目前日本國內航空的航路以V開頭，國際航空則用A、B、G、R，而W則未被使用。航路的保護空域原則上如下所述。

○ 國內線（內陸）航路

　　寬度取中心線兩側4海浬（7.4km）。但實際狀況會依空域而異。

○ 國內線（洋區）航路

　　寬度取中心線兩側50海浬（93km）。但實際狀況會依空域而異。

○ 洋區國際航路

　　寬度取中心線兩側50海浬（93km）。但日本海及東南亞洋區海面，寬度取中心線兩側25海浬（46km）。

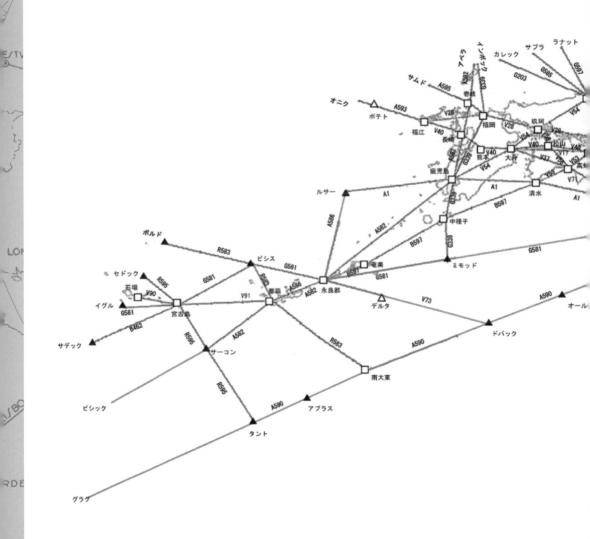

■ 航路（2013年7月1日）

凡例

— 航路
□ VOR／DME、VORTAC、VOR
▲ 義務位置通報點
△ 非義務位置通報點

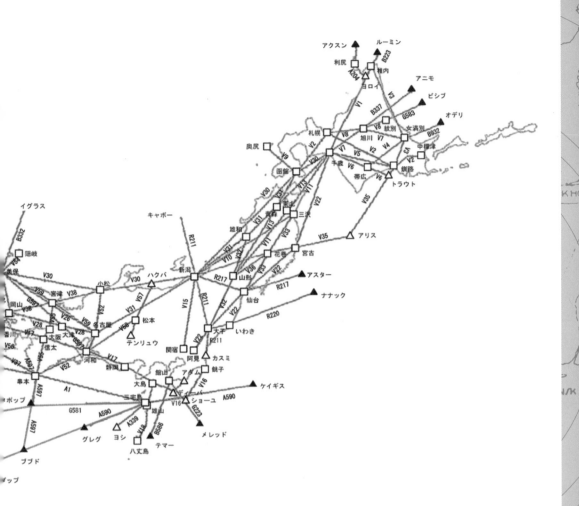

航路會連結航路點，形成折線。航路集中地
帶附近容易發生壅塞。

出處／國土交通省網站

凡例

— RNAV 路徑
□ VOR ／ DME、VORTAC
◈ 航點

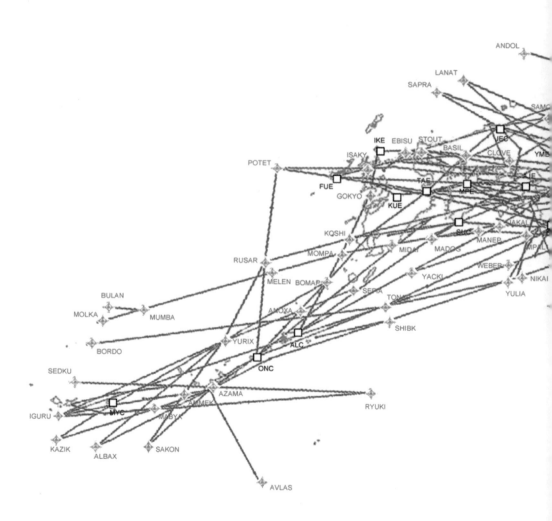

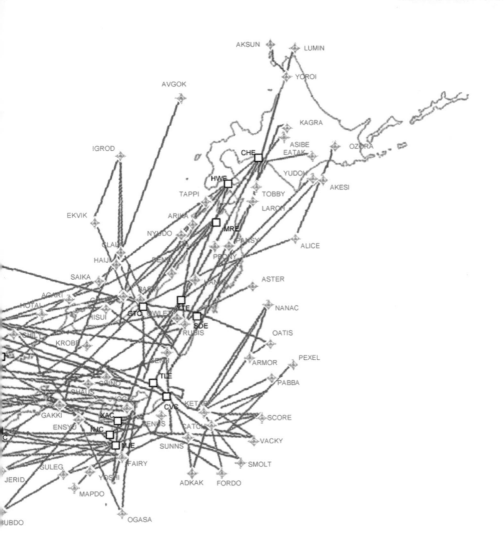

飛機利用本機導航系統與MTSAT系統（導航衛星）支援下，計算出本機位置，並依循最安全且有效率的路徑飛航。

出處／國土交通省網站

此外，洋區航路的命名方式會以A（讀法為Alpha）、B（Bravo）、G（Golf）、R（Romeo）其中一個字母，加上3位數以內的數字組合而成。

○ 空中也有「高速公路」

東京FIR（東京飛航情報區）、那霸FIR（那霸飛航情報區）以及統合附近洋區後新設置的福岡FIR（福岡飛航情報區）當中，約有500條航路。在覆蓋日本全區的福岡飛航情報區裡，有TACAN、VORTAC（VOR以及TACAN的合併設備）互相連結的**直行路線**，像是高高度專用的**噴射航線**（jet route），以及連接地面無線設備與洋區飛行起／終點的**洋區過渡航路**（Oceanic Transition Route）。這些就等於地面的高速公路。

另一方面，航空公司等單位的運航路線，以日本國內航線而言，航空公司的路線開設申請會經過國土交通省確認需求趨勢後核准。國際之間的航路則要透過日本與對方國家的政府交涉後，擬定航空協議並開設之。

此外，1-7節也提過，飛行員為了使飛機能後安全運航，一定要帶著記載必須資訊的**飛航指南**（AIP：Aeronatuical Information Publication）。

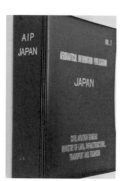 

飛行員一定要攜帶的飛航指南（AIP）

1-13

science of
air traffic
control

跑道的作用是？
機場裡最重要的設備

跑道必須考慮設置地點的風向後才建設。建設好的跑道會依方向按照跑道方位以數字標示。**跑道方位**是以磁方位角（順時針，以度為單位）的十分之一數值標示。

例如面向磁北的跑道，磁方位角為360°，360°×1/10＝36°，因此以**36號跑道**（runway three six）標示。其反方向的跑道為磁方位180°，180°×1/10＝18°，標示為18號跑道（runway one eight）。

跑道的方位會標示在跑道終點。上述的36號跑道會在南端標示「36」，**18號跑道**會在北端標示「18」或「18/36」。通常1條跑道能夠從兩個方向起降，因此兩端都會有指示標誌。

起降次數多的機場，通常會以平行向設置兩條跑道。像這種跑道並行的情況，會在跑道號碼後面加上「L」（左）或「R」（右）。例如磁北方向（磁方位角360°）的兩條平行並列跑道上，從南側看就會看見左側跑道標示**36L**（three six left），右側跑道標示**36R**（three six right），左側跑道又稱為「18R/36L」，右側跑道又稱為「18L/36R」。

此外，設置兩條平行跑道的機場，原則上跑道中心線的間隔距離如果在1,310m以上（ICAO規定），兩條跑道便能夠個別獨立運用，可以同時起飛或同時降落。這又稱為**開放式並行跑道**（羽田機場、成田機場等）。

另一方面，跑道中心線的間隔若未達1,310m，兩條跑道便

無法同時起飛或降落，飛機的起降次數就會受到限制。這種跑道又稱為交叉並行跑道（新千歲機場等）。

○ 跑道的設備

跑道上除了跑道方位，還有中央區隔線（中心線）、跑道末端標示、著陸區標示、目標點標示、緩衝區標示等，為了有良好的能見度，也設置了醒目的記號。此外，跑道必須確保起降時的行駛性能，會在道面加上寬度及深度均為6mm的**刻槽**。這是為了增加飛機降落時的煞車性能，以及增強排水功能。雨天時，**輪胎**與跑道間會因為雨水打滑，容易產生水漂效應，因此預防對策相當重要，最近也有與刻槽相同效果的作法，就是用碎石和瀝青混合後鋪設於跑道上。

冬季為了讓下雪的跑道保持乾燥，必須進行除雪。為了融化飛機上的積雪，也會動員除雪機噴灑混合熱水和乙二醇的**防凍解凍液**。這是因為飛機機翼上若積雪，通過機翼上方的氣流就會受到干擾，無法發揮理想的升力。

為了要提高跑道的夜間能見度，設置了各種機場照明。最具代表性的就是進場燈系統（Approach Lighting System, ALS）以及跑道邊燈（Runway Edge Lights）。此外，在跑道上的照明設備會以閃爍的方式引導飛機，為預防終點與跑道之間的滑行道（指移動滑行道）發生狀況，也設置了禁止進入滑行道、停止進入跑道等警示燈。

■ 跑道

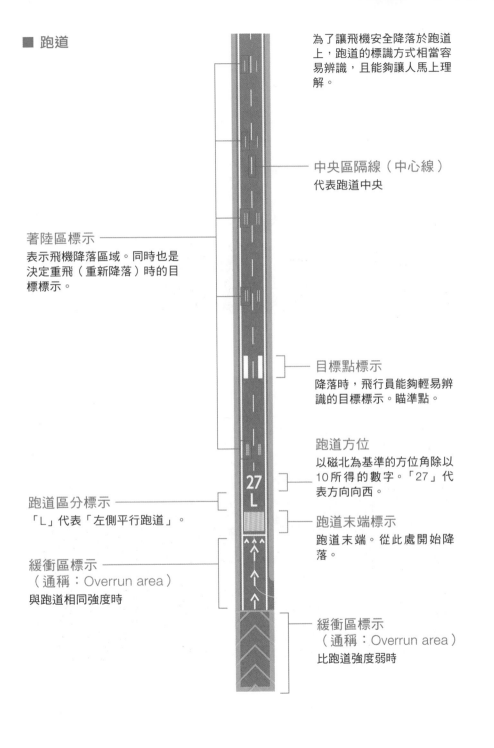

為了讓飛機安全降落於跑道上，跑道的標識方式相當容易辨識，且能夠讓人馬上理解。

中央區隔線（中心線）
代表跑道中央

著陸區標示
表示飛機降落區域。同時也是決定重飛（重新降落）時的目標標示。

目標點標示
降落時，飛行員能夠輕易辨識的目標標示。瞄準點。

跑道方位
以磁北為基準的方位角除以10所得的數字。「27」代表方向向西。

跑道區分標示
「L」代表「左側平行跑道」。

跑道末端標示
跑道末端。從此處開始降落。

緩衝區標示
（通稱：Overrun area）
與跑道相同強度時

緩衝區標示
（通稱：Overrun area）
比跑道強度弱時

福岡機場的跑道。跑道標示數字為「16」。意即跑道座向偏離磁北160度角。也就是說，該跑道大約為面向南南東方向。

24小時開放的機場增加，夜間飛機起降也變多了。為了安全考量，機場內設置許多燈光及照明設備。

1 – 14
science of
air traffic
control

羽田機場的「D跑道」 是哪一種跑道？
以人工島＋棧橋建造而成

2010年10月21日，羽田機場的第4條跑道「**D跑道**」、新國際線航廈，以及貨物航廈完工並啟用。這些是羽田機場以日本第一個真正的樞紐機場為目標，所做的建設成果。

D跑道位於羽田機場離岸620m之處，總面積約150公頃（3個東京迪士尼樂園大），海拔高度約15m。跑道長度2,500m，寬度60m，建造總共花費了6,000億日圓。

羽田機場過去現有的3條跑道（A、B、C跑道）再加上D跑道，預計一年的起降次數可**從30.3萬次，階段性擴增至44.7萬次**。其中國際線可增加9萬次，首爾、上海、北京、曼谷、洛杉磯及巴黎等，幅員擴大至東南亞及歐美，實現了接近市中心的國際樞紐機場的功能。

此外，由於D跑道為新設置跑道，對飛機而言風險最高，因此也提升了側風時的降落能力。這就是為什麼D跑道與在這之前被設定用來當側風時降落用的B跑道幾乎平行。

此外，為了要管制從D跑道及其他跑道起飛的飛機，羽田機場內也設置了**新管制塔**。該塔台位於機場中央，能夠確保對機場全體的能見度。塔台以硬度高的鋼筋混凝土建蓋，為了耐震及強風，也配備了隔震制震系統。從預防人為疏失的觀點而言，管制儀器的型態及擺設也下了一番功夫。

D跑道以引導陸橋與機場連接，有三分之一為填海建造，三分之二為架高棧橋，可說是世界上相當特別的「複合式機場島」。為了不影響海面航道及多摩川河口的水流，機場同時也在考慮環境的前提下建設而成。

羽田機場的新管制塔。高度115.7m，為日本國內最高，並位居世界管制塔第3高。建造這個管制塔是為了讓管制員的能見視線能夠涵蓋整個羽田機場，包含新建的D跑道。新管制塔以鋼筋混凝土建成，硬度較高，同時具備隔震及制震系統。為了降低人為錯誤的發生率，更精心打造管制塔內部的儀器形狀及配置。

何謂關東空域重組？
羽田、成田區域統合

　　為了因應擴大的航空需求，羽田機場新設置了D跑道，並活化國際航線，與此同時，成田機場的B跑道也延長為2,500m。

　　這些建設讓同位於首都圈的羽田及成田機場整合，也讓成為國際樞紐機場的目標真正開始落實整建。透過這些建設，羽田機場及成田機場一年合計的起降次數，從52.3萬次增加至74.7萬次。

　　針對首都圈飛機起降次數的增加，為了做出更安全而有效率的管理，日本開始進行**羽田與成田的區域整合**。為此，羽田機場舊管制塔大樓內配備的整合終端雷達管制所，將與成田空域用（成田管制區）的IFR管制台、以及終端雷達情報處理系統（ARTS）合併，並應用成田機場搜索雷達（ASR／SSR）、以及MTLAT（多點定位系統）。

　　區域統合的目的是為了因應旅客及航空貨物增加，以及需求多樣化，因此加強支援系統，並須確保航空管制的效率以及航空交通的續航能夠不中斷。為了達到這些目標，更進一步計畫將四個航路管制的管制部航路雷達系統，變成東西兩邊雙據點。

　　成田機場內除機場管制以外的其他管制，都遠在約60km以外的羽田機場內進行，這讓人覺得有點不可思議。

　　類似像這樣的空域改組，還有在關西空域的關西國際機場及大阪國際機場（伊丹）的管制整合，他們是透過整合運用關西國際機場、大阪國際機場、以及神戶機場的整合運用後再重新組織。

■ 整合前和整合後的空域

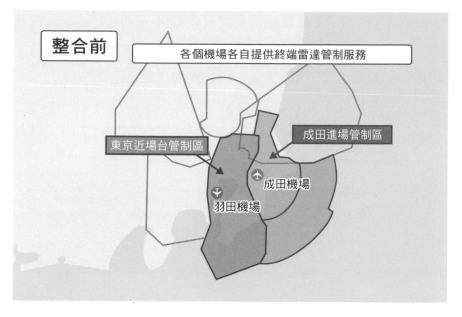

整合前

各個機場各自提供終端雷達管制服務

東京近場台管制區

成田進場管制區

成田機場

羽田機場

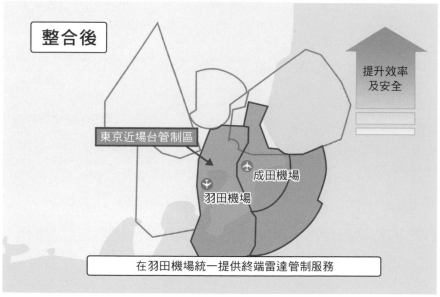

整合後

東京近場台管制區

提升效率
及安全

成田機場

羽田機場

在羽田機場統一提供終端雷達管制服務

重新修正的首都空域，在羽田機場統一提供管制服務，提升效率及安全。

此外，東京航空交通管制部（東京ACC）的空域管制區也重新修正，新增了**上總管制區**和**武藏管制區**。上總管制區負責管制成田機場降落飛機的降落順序；武藏管制區負責從羽田機場及成田機場往西起飛的飛機管制，以及到達目的地路線的排序。

第 2 章

了解航空管制的流程

飛機從出發地機場接受飛航管制許可後，
直到進入降落的目的地機場，
結束飛行任務前，會經過好幾個階段。
本章將針對這一連串的流程詳細解說，
並說明各個階段進行的各項任務。

羽田機場，在B跑道上進入降落狀態的降落飛機（上），以及在C跑道上等待起飛
許可的起飛飛機（下）。

航空管制就是空中的交通管制
從起飛到降落

　　無論天空再怎麼廣闊，如果任由飛行員自己判斷起飛，並依照自己的喜好決定路線和高度飛行，不僅會發生混亂，空中接近或空中碰撞事件更會層出不窮。在日本，為了讓飛機安全順暢地飛行，日本國土交通省航空局制定了飛機的航行規則，並實施**飛航管理**。具體而言，其負責業務如下。

◆ 航空管制的業務

- **預防飛機間互相碰撞**
- **機場行駛區內，預防障礙物及飛機間互相碰撞**
- **維護及促進航空交通，使其有秩序地進行**
- **為了達到安全而有效率的飛行，提供建議及訊息**
- **針對必須提供搜索救難等援助的飛機，聯絡相關機關單位及協助**

　　航空管制員針對飛行員起飛、降落順序，以及時間、飛行方式等，會從通訊（Communication）、導航（Navigation）、監視（Surveillance）等面向給予指示，並核准飛行員所提出的請求。為了要達成這些任務，機場內部會同時提供**航空交通管制服務**（ATC：Air Traffic Control）、**飛行情報提供服務**（FIS：Flight Information Service）以及**警報服務**（Alerting Service）。航空交通管制又可分為以下3種。

1. **機場管制服務**
2. **終端雷達管制服務**
3. **航路管制服務**

2－2　機場管制服務 ❶

science of
air traffic
control

以機場內及機場周圍的飛機為主進行管制

機場管制服務主要針對機場及其周圍飛行中的飛機、以及在地面上的滑行道和跑道上移動的飛機、車輛等，提供管制服務。這項工作無論在世界各地的任一個機場，都在塔台最頂樓的指揮塔內進行。指揮塔是機場內最高、且視野最佳的地方。這是因為該場所是進行目視管理業務，以人眼直接確認的最佳地點。羽田機場為了確保新建的第四條D跑道的能見度，打造了高115.7m的新管制塔，並於2010年1月開始啟用。雖然每個管制單位會略有差異，但管制塔裡會有

- **許可頒發席**（clearance delivery）
- **地面管制席**（ground control）
- **機場管制席**（local control）

等管制席位。羽田機場及成田機場內，每個團隊會有10幾人的管制員，在固定時間輪調擔任管制席位負責人，目的是讓管制員的集中力不要下降。以下將針對這些席位，一一詳細說明。

○ 許可頒發席（clearance delivery）

這是針對飛機的飛行計畫提出飛航管制許可的席位。飛機會按照儀器飛航規則，在管制空域內飛行，因此在飛航前，必須先對**飛航計畫**（flight plan）頒予許可證明。要起飛的飛機在航行前，必須先與許可頒發席（clearance delivery）溝通，並通報目的地機場以及預定巡航高度等訊息，請求許可飛行計畫。

■ 從航空管制面所見的飛機起飛到降落前的狀況
　（以羽田機場～福岡機場為例）

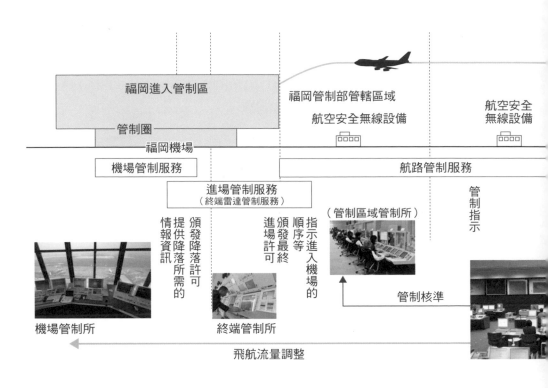

自機場起飛後，在航路中巡航。飛機的飛行員在降落於目的地機場前，皆在航空管制員的管制下飛航。

① 在出發地機場，航空管制員對飛機頒發飛航管制核準

② 飛機被許可於地面滑行

③ 飛機開始往滑行道移動。管制員頒發於起飛跑道端起飛的許可

④ 飛機進入跑道起飛。起飛後，依照航空管制員指示爬升

⑤ 爬升

⑥ 達到巡航高度

⑦ 在受巡航指示的航路上，朝向目的地機場飛行。靠近降落目的地機場時，依照航空管制員的指示開始降低高度

⑧ 按照規定的進場方式持續降低高度

⑨ 降落許可

⑩ 於指示的跑道上降落。從管制塔台接收地面滑行指示

⑪ 於滑行道上滑行

⑫ 進入指示的停機坪，結束飛行

管制區

東京管制部管轄區域

航空安全無線設備

東京進入管制區

管制圈

羽田機場

機場管制服務

進場管制服務
（終端雷達管制服務）

（管制區域管制所）

管制核準

（飛航管理中心）

管制指示

達巡航高度前的

提供起飛必須的情報訊息

頒發起飛許可

終端管制所

機場管制所

飛航流量調整

※照片為示意圖

■ 從機場到起飛前，航空管制員與飛行員之間的無線電通訊

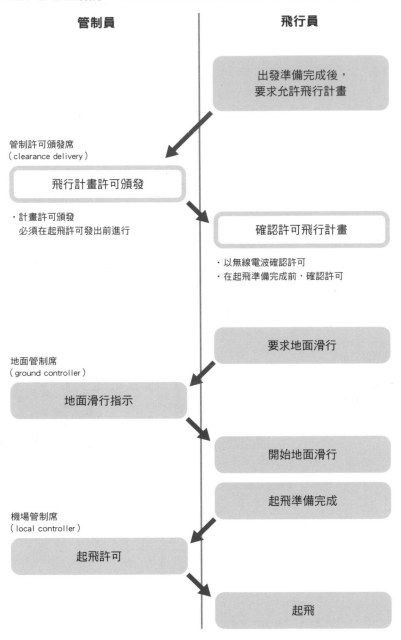

|管制員|飛行員|

出發準備完成後，
要求允許飛行計畫

管制許可頒發席
（clearance delivery）

飛行計畫許可頒發

確認許可飛行計畫

・計畫許可頒發
　必須在起飛許可發出前進行

・以無線電波確認許可
・在起飛準備完成前，確認許可

要求地面滑行

地面管制席
（ground controller）

地面滑行指示

開始地面滑行

起飛準備完成

機場管制席
（local controller）

起飛許可

起飛

從飛行計畫許可後，到起飛許可發出、飛機起飛前，飛機會受到多人組成的
航管團隊的管制，其中包括管制許可頒發、地面管制、機場管制等3個席
位。

　　收到飛行計畫後，管制員會針對計畫做確認，並發出**飛航管制許可**（ATC clearance，飛行許可）。到此才算是確認飛行已受到允許。

　　飛航管制許可會傳達「目的地機場」「出發路徑」「飛行路徑」「起飛後維持高度」「巡航高度」「詢答機識別碼」等訊息，由飛行員複誦。收到複誦內容的管制員，會交接（hand-off）給地面管制席（ground control）並給予指示。

○ 地面管制席（ground control）

　　要起飛的飛機接著會與地面管制席（ground control）溝通，並獲得**移動許可**。同時，地面管制席會指示飛機到達跑道前的滑行路徑。

　　起飛飛機到目前為止，針對出發的準備已經全部完成，進入可出發的狀態。飛機會受到牽引車推進，離開航廈，到停機坪後，飛機便離開牽引車，此後便以自機引擎推力**滑行**（在滑行道上移動），目標朝向跑道。

　　滑行路徑會以機場場面偵測設備（ASDE）或最新的MLAT系統（多點定位系統，Multilateration）標示。像羽田和成田這樣交通壅塞的機場裡，尖峰時刻會有10幾架客機在跑道端等待起飛。因此機場必須調整起降時段，並進行更有效率的航空管制來達到消除壅塞的狀況。

　　低能見度時，飛行員會依照雷達標示滑行，管制員會一面監控，一面留意不要和其他飛機或車輛發生碰撞。要起飛出發的飛機會承載大量的易燃燃料，因此必須要求相當謹慎仔細。

■ 機場場面偵測設備（ASDE）

機場場面偵測設備（ASDE）是用來掌握跑道上的飛機和車輛移動位置。無論是天候不佳的狀態，或是有障礙物阻擋，都能夠正確檢測出飛機位置，並將資料數據顯示於影像上。日本國內有7個機場（羽田、成田、名古屋、大阪、關西、福岡、那霸）有此項裝置（美軍、國防部裝置的除外）。照片為羽田機場舊管制塔上的機場場面偵測設備天線。

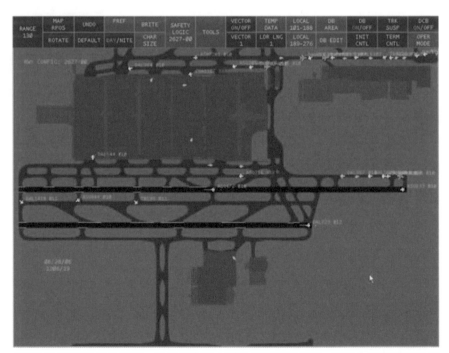

機場場面偵測設備的畫面。監測著跑道上移動的飛機和車輛。照片為美國機場的雷達畫面。

照片／NASA（美國航空太空總署）

■ 多點定位系統的示意圖

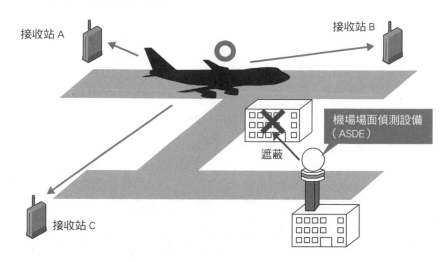

接收站 A

接收站 B

機場場面偵測設備
（ASDE）

遮蔽

接收站 C

航空器的詢答機會發送訊號至3個以上的接收站，根據各接收站接收訊號的時間差可計算出航空器的位置。多點定位系統就是利用此原理監視航空器的動向。它能夠彌補機場場面偵測設備（ASDE）的死角。

在地面管制席的監控畫面上，會由多點定位系統操作運行。這套系統會根據在多個地點所接收到的數據，即時顯示各航空器的動向。它就像汽車導航系統一樣易於理解，在更有效率的航空管制以及航空安全上展現其作用。

○ 機場管制席（local control）

起飛出發的飛機接近跑道末端的時候，管制作業就會由負責主持跑道起降許可的機場管制席來接管。

管制員必須確保剛起飛的飛機，後方產生的亂流不會影響到下一班飛機，確認時間隔離相當充足後，才會發出起飛許可（take-off clearance）。

羽田機場的新管制塔內部。飛機結束滑行並接近跑道時，管制權責便從地面管制席移交給機場管制席。

飛行員接獲起飛許可後，就會開始起飛作業。起飛後，當飛行員將飛機機輪收起的時候，就是機場管制席的管制員將管制服務移交給終端雷達管制所的**離場管制員**（departure control）的時間點。

○ 起飛時，飛行員必須考慮哪些層面？

起飛時，最重要的事項為以下3點。

1 起飛所必須的距離（起飛距離[※]）
2 起飛速度
3 離開地表面後，到飛上空前的操作與機體移動

※　起飛距離：從起飛滑跑的起始點到通過離路面的規定高度為止的水平距離。

滑行中的飛機的位置會在機場場面偵測設備（ASDE）以及多點定位系統上即時顯示。

出發起飛的飛機開始在跑道一端起飛滑跑，引擎會加速直到有足夠的起飛推進力為止。速度達到「V_1」（決定起飛速度：take off decision speed）前，如果發生重大事故，就會停止起飛，直接針對引擎煞車，讓飛機停下來。當速度超過V_1後發生重大事故時，就不會讓飛機停下，會繼續起飛。

當速度達到「V_R」（旋轉速度：rotation speed）時，飛行員會拉起操縱桿，依照規定的角速度將機首往上拉。以「V_{LOF}」速度（離地速度：lift off speed）離開地面後，就會持續加速，當到達離地面35英呎（10.5m）時，速度也會達到「V_2」（安全起飛速度：take off safety speed）。

接著便會拉起降落裝置，持續上升。因為噪音已消減，當高度達3000英呎（900m）以上，便會開始加速，並將襟翼收起。

飛機透過地面管制的控管,在滑行道上滑行。照片最前面看到的是能以肉眼辨識機場
內風向和風力強度的風向袋。

飛機在獲得機場管制的「允許起飛」起飛許可後便開始起飛。羽田機場C跑道上等待
起飛許可的飛機上空,有一架要降落在B跑道的飛機正進入降落準備。

2-3 終端雷達管制服務
從起飛後到到達航路之間的導航與監視

　　主要的國際機場裡，為了確保因起降作業而壅塞的機場周圍能夠流通順暢、安全，機場內會設置**終端雷達管制所**，並以管制塔為主軸，對區域進行航空管制。

　　終端雷達管制所會針對起飛出發的飛機，按照其飛往目的地的最佳航線，引導至最適合的空中交通線或航路，並負責讓降落飛機在不等待降落的條件下，指示最短的降落路線。透過這樣的管制，能夠降低燃料費用，且能減少機場周圍的噪音。

　　針對起飛後持續上升飛行的出發飛機，管制服務會立刻從機場管制席的管制員，移交到終端雷達管制所的離場管制員（departure control）進行管制。

羽田機場的舊管制塔台（左）負責管制羽田機場及成田機場的整合中端管制。

離場管制員會透過無線電話及機場搜索雷達（ASR）的畫面，設定每個機場的標準儀器離場（SID：Standard Instrument Departure）以及過渡航路（TR：Transition Route），並透過引導和監控出發的飛機，讓航路能夠整合。

日本中部國際機場（愛知縣常滑市海面）中，中部終端雷達管制所（IFR室）內設置的儀器。離場管制員正在引導、監控起飛的飛機飛至預定航路。

照片／時事通信photo

2-4 航路管制（ACC）服務

管制在航路上飛行的飛機

　　出發起飛的飛機依照終端雷達管制所的離場管制員指示進入航路後，接著就會由提供航路管制服務的**航空交通管制部**接管。

　　航空交通管制部會透過航路搜索雷達（ARSR）的畫面來掌握飛機的位置，透過更動時間、速度以及路線等來管制飛機之間的安全間隔。日本的航空交通管制部有以下4個。

1 **札幌航空交通管制部（札幌ACC，北海道札幌市）**
2 **東京航空交通管制部（東京ACC，埼玉縣所澤市）**
3 **福岡航空交通管制部（福岡ACC，福岡縣福岡市）**
4 **那霸航空交通管制部（那霸ACC，沖繩縣那霸市）**

　　各管制部的管制空域，又可區分為數個管制區，每管制區都設置以下各個席位，且每個席位都由2位管制員負責。

○ 對空席（雷達席）

　　對空席的航空管制員會直接與飛行員用無線電溝通，並指定飛機飛行的路徑、高度以及特定地點的通過時間，對飛機頒予上升、下降以及進入等指示及許可。

○ 調控席

　　調控席位的航路管制員會針對負責區域進行業務量調配、以及與其他區域進行調度調控。

■ 航空監控雷達的標示例

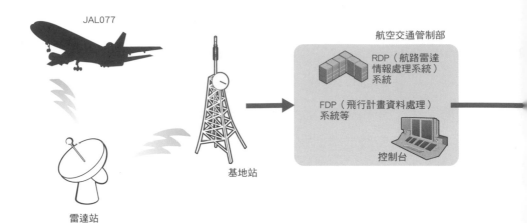

JAL077

航空交通管制部

RDP（航路雷達
情報處理系統）
系統

FDP（飛行計畫資料處理）
系統等

基地站

控制台

雷達站

在埼玉縣所澤市內的東京航空交通管制部（東京ACC）執行管制服務的管制員。主要負責的
是航路管制服務。照片為使用全面開始運作的新航路管制台系統（IECS：Ingrated En-route
Control System）執行業務的狀況。透過運用電子化顯示飛行表，以及具備豐富管制支援功
能的新系統，實現提升管制服務的效率。

照片／時事通訊社

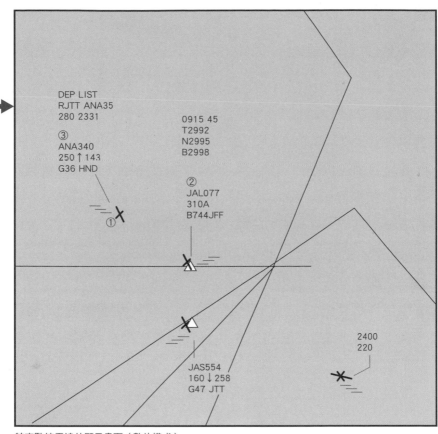

航空監控雷達的顯示畫面（數位模式）

① 飛機

| ② | JAL077 310A B744JFF | 的說明 | JAL077：航班名稱（日本航空 077 班次） 310：指示高度（31,000 英呎） A：管制員指示高度與飛機現在高度相同 B744：飛機型號：（B747-400 型） JFF：目的地機場的縮寫（福岡機場） |

| ③ | ANA340 250↑143 G36 HND | 的說明 | ANA340：航班名稱（全日空 340 班次） 250↑143：正從 14,300 英呎（現在高度） 上升至指示高度 25,000 英呎 G36：對地速度（每小時 360 海浬） HND：管制移交中 |

各管制區皆由對空席（雷達）以及調控席 2 個席位擔任管制員。

機場管制服務 ❷
按照標準儀器到場程序（STAR）

　　在航路上飛行到達目的地的降落飛機，當靠近目的地機場時，換置作業就會從航路管制的管制員，移交到終端雷達管制所的**進場管制員**進行管制。

　　進場管制員會讓降落飛機從航路管制到機場管制的管制塔台之間，以**標準儀器到場**（STAR：Standard instrument arrival）程序有效率地飛行。進場管制員在掌握降落飛機位置的同時，會將降落飛機按照順序編號，並引導其面向機場降落。

　　降落飛機會從各個方位飛到機場，因此進場管制員會替各架飛機編排降落順序，在保持安全距離下引導降落飛機飛至1條降落路線上，當飛機達到預定的位置高度，就由機場管制席的管制員接手管制。

　　機場管制席接管後，管制塔台的航空管制員會針對其目視看得到的降落飛機，提出降落許可（landing clearance），並監控進入儀器降落系統（**ILS**）的降落飛機。

　　ILS系統會從地面發射水平軸（橫向）與垂直軸（縱向）的電波，飛機收到該訊號後，會一邊掌握自機的正確位置，一邊做偏移修正，接著便降落。

　　透過這樣的動作，降落飛機安全降落並離開跑道後，接著就由地面管制席的管制員接管，將飛機從滑行道上引導至機場大樓的終點站。

　　到此，從起飛到降落的完整飛航週期便安全落幕。

左右定位台天線
出處／國土交通省網站

滑降台天線和終端DME天線
出處／國土交通省網站

■ 儀器降落系統（ILS）

ILS（Instrument Landing System：儀器降
落系統）是針對要進場降落的飛機，提
供進入跑道的路線以及高度指示的無線
降落支援設備。它會發射有方向性的無
線電波。

左右定位台：
    發送顯示進場方向的電波

滑降台天線：
    發送顯示進場角度的電波

終端 DME 天線：
    發射顯示距離的電波

各信標台：
    發射顯示位置的電波

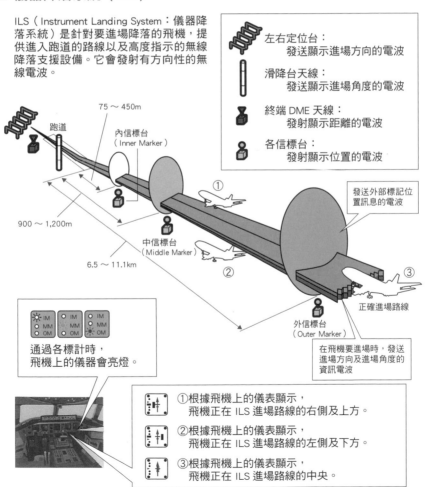

75 ～ 450m

跑道

內信標台
（Inner Marker）

①

發送外部標記位
置訊息的電波

900 ～ 1,200m

中信標台
（Middle Marker）

②

6.5 ～ 11.1km

③

正確進場路線

外信標台
（Outer Marker）

在飛機要進場時，發送
進場方向及進場角度的
資訊電波

通過各標計時，
飛機上的儀器會亮燈。

①根據飛機上的儀表顯示，
    飛機正在 ILS 進場路線的右側及上方。

②根據飛機上的儀表顯示，
    飛機正在 ILS 進場路線的左側及下方。

③根據飛機上的儀表顯示，
    飛機正在 ILS 進場路線的中央。

○ 駕駛員座艙內的作業

下降（descent）

下降指的是飛機從巡航高度下降，達到最後進場高度，或降至指示空中待機的空域。飛機會開始進行降落操作，當高度達到跑道末端（runway end）上方50英呎（15m）時，便開始進行**進場作業**（approach）或**降落進場**（landing approach）。

此外，降下的方式有高速降下、經濟降下以及低速降下等方式，目視降下現在已不被採用。現在降下方式的主流，是以FMS計算出最符合經濟效益的速度降下。

儀器飛航的進場方式，又可分為**精確進場**及**非精確進場**。精確進場會按照路線和下滑道，以固定的降落角度接近地面點。非精確進場則只讀取儀器上的方位或位置訊息後直接進場。

降落（landing）

降落所指的是飛機襟翼調整至降落狀態，放下降落裝置，並保持2.5～3度的進場角度，在跑道末端上方50英呎高處以規定速度通過，隨後拉起機首，著地、至完全停止。降落作業最重要的是進場高度、最低氣象條件、**決定高度**（Decision Height：DH）、以及低速時的操控性等。

決定高度指的是當降落進場中途要放棄降落時，要決定是否重新進場的高度。這個高度會依照降落支援設備的狀況、飛機相關配備的狀態以及飛行員的判斷而訂，但標準決定高度為200英呎（60m）。

準備降落並開始進場後，當跑道狀態或機體狀態不適合降落

時，便會重新進場或重飛。此時，噴射飛機會將推力設定為達到與起飛推進力相同的G／A（Go-Around，重飛）狀態後上升。

誤失進場（missed approach）指的是為了降落而進行儀器進場的時候，因氣候條件不良，在決定高度下無法看到跑道，或是

■ ILS（儀器降落系統）的層級

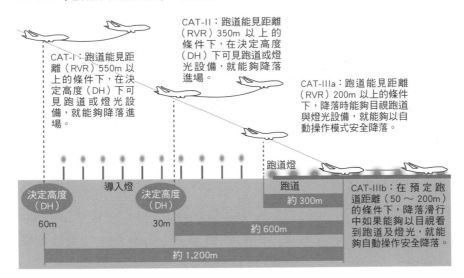

CAT-II：跑道能見距離（RVR）350m 以上的條件下，在決定高度（DH）下可見跑道或燈光設備，就能夠降落進場。

CAT-I：跑道能見距離（RVR）550m 以上的條件下，在決定高度（DH）下可見跑道或燈光設備，就能夠降落進場。

CAT-IIIa：跑道能見距離（RVR）200m 以上的條件下，降落時能夠目視跑道與燈光設備，就能夠以自動操作模式安全降落。

跑道燈

決定高度（DH）　導入燈　決定高度（DH）　跑道

60m　30m　約 300m

約 600m

約 1,200m

CAT-IIIb：在預定跑道距離（50 ～ 200m）的條件下，降落滑行中如果能夠以目視看到跑道及燈光，就能夠自動操作安全降落。

ILS（儀器降落系統）從「CAT-I」到「CAT-IIIc」又分為5個層級（日本國內分至CAT-IIIb）。數字愈大，其精密度愈高，代表即使條件不良的情況下也能夠降落的高層級ILS。不過，高層級ILS在運用上，對飛行員的資格、機體性能以及跑道設備等有嚴格的限制，現在日本國內設置CAT-IIIb的機場只有7個（成田機場、釧路機場、青森機場、熊本機場、中部國際機場、廣島機場、新千歲機場）。

■ 最低降落航行條件

層級	跑道目視能見距離（RVR）	決定高度（DH）
CAT-I	550 m 以上	60m 以上
CAT-II	300 m 以上	30m 以上
CAT-IIIa	175 m 以上	無設定，或未達30m
CAT-IIIb	50 m 以上～未達175 m	無設定，或未達15m

管制單位指示停止降落時，飛機便會直接以規定方式上升，進入待機路線，再次進行降落。**重飛**（go around）指的是中止降落作業，進入上升狀態。

降落速度會考慮到能夠應付失速、以及操控性、地面陣風等因素，以能夠順利操作的速度進行。

降落距離（landing distance）

降落距離指的是從跑道末端上方50英呎（15m）處通過後開始，接著穩定進場，將機首拉起並接觸地面，直到完全停止後的地點，兩點之間的水平距離。

側風降落（cross wind landing）

指在有風從跑道方位以外的方向吹起時降落。此時飛機為了抵抗側風，必須飛越跑道中心線的延長線。飛行方式又可分為將機翼保持水平，朝向迎風側飛行的**側航式**（crab），以及在迎風側轉彎，一面側滑，一面讓機首面對跑道的**側滑式**（slip）。

通常在高高度下會以側航式進場，在接近地面前改採側滑式，並以**取消側航**（de-crab）的模式讓機首面對跑道，從迎風側的車輪開始著陸。

觸地重飛（touch and go）

起降訓練之一。讓飛機降落於跑道，當速度減至固定程度後，再及時將襟翼改變成起飛狀態，並增加引擎推進力，再度起飛。

沖繩縣宮古島市的下地島機場上進行訓練的噴射客機。觸地重飛的訓練也在此地進行。

何謂音標字母？
避免聽錯所做的努力

為了口語上能正確傳達「Japan10」這樣的字，會將它唸成「Juliet, Alpha, Papa, Alpha, November, One, Zero」。這就稱為**音標字母**（phonetic alphabet）。航空管制上如果聽錯資料數據，會發生重大事故，為了將正確的拼字傳達給對方，每個字母都會指定一個不易混淆的單詞。

航空管制現場會以無線電交換相當多的航班名稱、地名以及航點。平常就較難分辨的「B」、「D」、「V」或「I和Y」、「M和N」、「T和P」等，在無線電通訊下也很容易漏聽或聽錯。當機場壅塞或環境吵鬧時更容易出錯。

國際上受到承認的音標字母，是在1927年由ITU（國際電信聯盟）制定。其後一面修訂一面發展，後來ICAO（國際民航組織）的前身ICAN（空中航行國際委員會）也採納此規則，開始推廣至在民用航空。

第二次世界大戰時期，聯合國軍隊大多採共同作戰，海軍和陸軍之間更進一步使用音標字母，因而推廣至各國。由於推廣至各國使用後，有些發音會和部分國家的發音類似，或是會產生容易混淆的發音，因此加以改良，於1951年11月，由IATA（International Air Transport Association：國際航空運輸協會）整理出普遍通用的音標字母。

最終版音標字母由ICAO在31個國家進行測試，最後終於在1956年3月公布，並於**軍隊、民間以及業餘無線電**中採用。

■ 音標字母（字母）

字母	用語	發音（片假名）	發音（英文）
A	Alpha	ARUFWA	AL FAH
B	Bravo	BURABOH	BRAH VOH
C	Charlie	CHAHRI	CHAR LEE
D	Delta	DERUTA	DELL TAH
E	Echo	EKOH	ECK OH
F	Foxtrot	FWOKUSUTOROTTO	FOKS TROT
G	Golf	GORUFU	GOLF
H	Hotel	HOTERU	HOH TELL
I	India	INDHIA	IN DEE AH
J	Juliet	ZYURIETTO	JEW LEE ETT
K	Kilo	KIRO	KEY LOH
L	Lima	RIMA	LEE MAH
M	Mike	MAIKU	MIKE
N	November	NIBENBAH	NO VEM BER
O	Oscar	OSUKAH	OSS CAH
P	Papa	PAPA	PAH PAH
Q	Quebec	KEBEKKU	KEH BECK
R	Romeo	ROMEO	ROW ME OH
S	Sierra	SHIERA	SEE AIR RAH
T	Tango	TANGO	TANG OH
U	Uniform	YUNIFWOMU	YOU NEE FORM
V	Victor	BIKUTAH	VIK TAH
W	Whiskey	UISUKIH	WISS KEY
X	X-Ray	EKKUSUREI	ECKS RAY
Y	Yankee	YANKIH	YANG KEY
Z	Zulu	ZURU	ZOO LOO

■ 音標字母（數字）

數字	用語	發音（片假名）	發音（英文）
0	Zero	ZERO	ZE RO
1	One	WAN	WUN
2	Two	TSUH	TOO
3	Tree	TSURIH	TREE
4	Four	FWOWHA	FOW ER
5	Five	HULAIHU	FIFE
6	Six	SIKKUSU	SIX
7	Seven	SEBUN	SEV EN
8	Eight	AITO	AIT
9	Nine	NAINAH	NIN ER

　　這些音標字母不僅用在NATO（北大西洋公約組織），同時ICAO、ITU、IMO（國際海事組織）、美國的FAA（美國聯邦航空管理局）以及ANSI（美國標準協會）也在使用。

　　此外，美國機場裡，為了避免和達美航空的呼號混淆，會將「Delta」改成「Dixie」，數字「9」的發音也為了避免會和德文的「nein」（不是）混淆，改以「Niner」稱呼。

　　航路會按照**ICAO**的標準予以命名。國際航路會以「A」（alpha）、「B」（bravo）、G（golf）、R（romeo）等單1個字母加三位以內的數字組合，過內航路則以「V」（victor）加上1～99的號碼組合。

　　例如如果是國際航路的話，會標示成「A-590」（alpha five ninety），國內航路就會標示成「V-15」（victor fifteen）等。

2-7

science of
air traffic
control

何謂求救信號？
緊要關頭會發生什麼！？

　　飛機的緊急狀況指的是飛機因機體或運航、機上人員或乘客等發生狀況導致無法繼續正常飛行。和緊急狀況連結的故障有以下幾種。

- **機體故障**
- **1具以上的引擎停止，發生引擎故障**
- **燃料外漏等燃料故障**
- **油壓故障**
- **加壓故障**
- **機上人員或乘客發生狀況**
- **人員生病**
- **空中接近**
- **劫機**
- **天候不佳（亂流、雷暴雨）、鳥擊**

　　當飛機陷入緊急狀況時，會以緊急頻率（VHF：D通道121.5MHz，UHF：G通道243.0MHz）發出3次「**MAYDAY**」或「**PAN**」呼叫，並將自己的識別記號、型式、位置、時間、機首方位、儀表速度、高度、以及緊急狀況內容的求救訊號發出聯繫。

　　同時，會用次級搜索雷達（SSR）系統中的應答式ATC詢答

機設置 mode 3 ／ A code 7700（無線電故障為代碼 7600）訊號。

　　航空管制單位接收到這樣的求救訊號後，若發現有飛機「超過預計時間仍未抵達」、「從雷達上消失」、「未進行位置報告」的情形，就會直接按照飛機的搜救難業務（SAR），開始由羽田機場主導的**東京救難調度本部**蒐集情報。確認後就會按狀況，由日本海上保安廳、消防廳、自衛隊等進行搜索及營救。

■ 東京搜索救難區（Tokyo SSR）

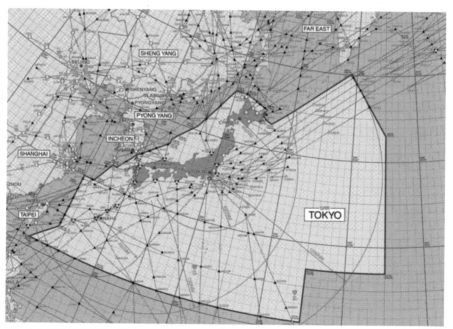

ICAO 在準備飛機進入緊急狀況時的搜索救難，會依世界各地區分，決定各國所負的責任區域。以日本而言，東北至阿留申群島、西南至台灣外海、東南至超過硫磺島的南鳥島附近，這個廣大區域內都屬責任範圍。

出處／國土交通省網站

第 3 章

紙上體驗航空管制

本章將模擬從羽田機場起飛，至新千歲機場降落，
以及降落至羽田機場之間的航空管制。
航空管制員與飛行員之間，
究竟交換哪些訊息來操作飛航，
讓我們在紙上體驗看看。

剛從羽田機場C跑道16L起飛的TBA0123航班

從起飛到降落的流程
一個接一個接力管制

　　隨著航空發達，國際線和國內線的航班都依照IFR（儀器飛航規則）飛行。負責全面性支援IFR的就是航空管制單位。雖然這在第2章已經解釋過，但在此，筆者將再度統整歸納。

　　從起飛到進入航路，航空管制又可分為3個階段（機場管制、終端雷達管制、航路管制）。而從航路到降落，管制順序則與之相反。筆者將此流程以虛構航班TBA0123重現（在電玩《我是航空管制官》中，新千歲機場～羽田機場的虛構航班為TBA0124）。

1 機場管制（管制許可頒發、地面管制、機場管制）

　　TBA0123號航班在羽田機場的國內線航廈完成出發準備，接著正在等待起飛。該航班收到許可頒發席管制員的**管制許可**（ATC許可），並依照地面管制席的管制員指示下，開始離開航廈。接著便會在管制塔的機場管制席管制員的管制下起飛。

2 終端雷達管制（離場管制）

　　TBA0123號航班的管制，在起飛後立刻由終端雷達管制所的**離場管制員接手**。TBA0123號航班會按照標準儀器離場（SID）起飛。終端雷達管制會安全又有效率地將TBA0123號航班引導至向各個方向延伸的航路上。到目前為止的管制都是用機場內的設備進行。

③ 航路管制

當 TBA0123 號航班進入航路後，便會在埼玉縣所澤市的**東京飛航管制部**（東京ACC）航空管制員的管制下巡航。其後，會接著飛過數個飛航管制部的管制區域。

④ 終端雷達管制（進場管制）

接近新千歲機場時，便開始接受終端雷達管制（進場管制）。

⑤ 機場管制

接著便進入機場管制，開始降落。降落後，便會在地面管制員的管制下停泊於航廈，結束飛行。

在了解粗略的流程後，接著就讓各位開始在紙上體驗「羽田機場→新千歲機場」的管制服務流程。

本章使用《我是航空管制官 4》（TechnoBrain）的畫面以說明航空管制的相關流程。《我是航空管制官4》是任何人都能輕鬆體驗航空管制的人氣模擬電腦遊戲。

我是航空管制官4（TechnoBrain）
http://www.technobrain.com/

機場管制 ❶（羽田機場）

角色分工進行管制

能夠遠眺機場全區的管制塔最上層，有一間裝著玻璃的**機場管制室**（control tower）。這裡會針對在半徑5海浬（9km），高度約3,000英呎（約900m）以內空域飛航的飛機進行機場管制。

機場管制的設定是在覆蓋機場的空域下，航空管制員原則上會以目視進行管制。

各個機場管制席的數量會依交通量而異，羽田機場的起飛飛機則有以下席位，配合起飛飛機的動態，直到降落為止接力進行航空管制。

1 許可頒發席（clearance delivery）2席（A、B）

2 地面管制席（ground control）4席（東、西、南、北）

3 機場管制席（local control）4席（東、西、南、北）

4 飛航資料席（FD，flight data）2席（東、西）

5 監督管制席（TW，tower watch）1席

6 協調席（TC，tower coordinate）1席

許可頒發席會進行飛行前的IFR（儀器飛航規則）管制許可，地面管制席則會針對移動的飛機及車輛進行管制，機場管制席會針對從跑道起飛後，在機場週邊飛行的飛機進行管制，各自分擔不同的角色。

此外，實際上的航空管制會由上述3個管制席位，加上監督、協調全體管制的監督管制席或協調席等10幾人來進行。

羽田機場的新管制塔（後方）及舊管制塔（前方）。照片最內側的是D跑道。新管制塔為了能夠眺望4條跑道，高度達115.7m。舊管制塔旁的政府大樓進行的是廣域管制，這是為了讓終端雷達管制與成田機場能夠一體化運用。

機場管制 ❷（羽田機場）
提出飛航管制許可

　　許可頒發席的管制員手邊都有航空公司飛航負責部門預先提出的**飛行計畫**（flight plan）。飛行計劃包括目的地、飛行路徑、巡航高度、詢答機識別碼等。

　　TBA0123航班在出發前5分鐘，管制許可頒發的管制員會和該航班的飛行員溝通後提出**管制許可**（ATC clearance），並與地面管制員連絡，下達指示。

飛行員

「Tokyo delivery, TBA0123, Spot 15.」

「東京許可頒發，這裡是TBA0123航班，請求於15號停機坪停機。」

許可頒發席的管制員

「TBA0123, cleared to New Chitose Airport via PLUTO One Departure, flight planned route, maintain FL210, squawk 2312.」

「TBA0123航班，許可向新千歲機場飛行，依據PLUTO一號離場程序，加入原計畫航路，保持飛航空層210，squawk電碼請置於2312。」

飛行員（複誦）

「TBA0123, cleared to New Chitose Airport via PLUTO One

許可頒發席的管制員提出管制許可（ATC clearance）後，就完成出發準備。

Departure, flight planned route, maintain FL210, squawk 2312.」
「TBA0123航班，許可向新千歲機場飛行，依據PLUTO一號離
場程序，加入原計畫航路，保持飛航空層210，squawk電碼請置
於2312。」

　　從羽田機場往北的起飛飛機全部被指示維持在FL210（飛航
空層）。巡航高度由ATM、ACC及羽田機場協議後決定，當飛
機進入ACC管轄後，就由ACC依交通狀況下達指示。14,000英
呎以上須使用氣壓29.92，飛航空層用FL（flight level）表示。
　　這裡提到的「cleared to」指的是「許可」的意思。**squawk
電碼**指的是記載該航班資訊的辨別代號，之後此航班便以這個號
碼接受飛行管制。

接著，地面管制席會從許可頒發席的管制員手上，接管記載飛行內容的列表（管制條，strip）。起飛飛機會被牽引車向後推離航廈。從停機坪開始，飛機會自己駛向跑道。

地面管制席的管制員管制範圍包括停機坪及滑行道等，在機場內部的行駛區域內移動的所有飛機及車輛。管制員會利用羽田機場的最新機場場面偵測設備（ASDE）的多點定位系統（MLAT）畫面，監控其他飛機不要與車輛發生碰撞或衝突。

飛行員

「Tokyo ground, TBA0123, request push back.」

「東京地面管制，這裡是TBA0123航班，請求後推。」

地面管制席

「TBA0123, Tokyo ground, push back approved. Run way 16L.」

「TBA0123航班，這裡是東京地面管制。允許後推。跑道為16L[※]。」

飛行員

「Tokyo ground, TBA0123, request taxi.」

「東京地面管制，這裡是TBA0123航班。請求許可滑行。」

※　推出時指定跑道，是因為推出方向和跑道相差180度。

地面管制席

「TBA0123, taxi to runway 16L.」
「TBA0123航班，請向跑道16L滑行。」

地面管制席

「TBA0123, contact tower.」
「TBA0123航班，請聯絡機場管制席（塔台）。」

　　TBA0123號航班準備完成後，便會請求地面管制員許可機體移動。管制員會針對機體移動頒發許可。機體的機首會被牽引車拖拉，向後退出停機坪，之後便移動到能夠靠己力滑行的地點。

　　接著，飛行員會請求**許可滑行**（taxi）。管制員下達滑行至16L跑道的指示，當飛機抵達跑道前方時，管制員會與機場管制席的管制員聯繫並下達指示。

地面管制。客機依照地面管制的指示，讓牽引車推出，朝向滑行道。

23

D跑道　2,500m

C跑道　3,000m
34R

第2旅客航廈大樓

第1旅客航廈大樓

05

34L
A跑道　3,000m

機場管制 ④（羽田機場）
下達起飛許可

　　機場管制席的管制員會負責下達飛機起飛和降落許可，以及指示進入跑道、脫離跑道，其角色屬於機場管制的核心。

　　當起飛飛機和降落飛機連續快速起降時，為了不讓飛機受到前一架飛機的**機尾亂流**（Wake Turbulenc）影響，須取出安全間隔距離，而且也被要求要有效率地操作。

飛行員

「Tokyo tower, TBA0123, on your frequency.」
「東京塔台，這裡是TBA0123航班，已調整在您的頻道上。」

機場管制席

「TBA0123, hold short of runway.」
「TBA0123航班，請在跑道外等待。」

一面接受機場管制（local control），一面向跑道端移動。

機場管制席

「TBA0123, runway 16L, line up and wait.」

「TBA0123航班，請於16L跑道內等候。」

機場管制席

「TBA0123, cleared for take off.」

「TBA0123航班，允許起飛。」

飛行員

「TBA0123, cleared for take off.」

「這裡是TBA0123航班，收到起飛指示。」

　　地面管制員會對機場管制席的管制員指定頻率。之後，飛行員會用指定的頻率呼叫機場管制席。機場管制席發出「cleared for take off」的**起飛許可**（take off clearance），接著TBA0123航班便會加速引擎推力起飛。

從機場管制發出起飛許可（take off clearance）後起飛。

終端雷達管制 ❶（羽田機場）
引導至航路

　　坐鎮於離場管制席的離場管制員（departure control）針對起飛後持續爬升飛行的TBA0123航班，會以雷達一面監控，一面依照標準儀器離場（SID）所指定的路徑及高度，將飛機引導至航路。最後TBA0123號航班終於匯流至航路上。

起飛後，在離場管制（departure control）的指示下進入標準儀器離場（SID），在抵達航路前，於過渡航路（Transition Route）中飛行。

3－7　航路管制 ❶（東京ACC）

science of air traffic control

監視巡航高度及速度

　　航路管制由札幌飛航管制部（札幌ACC）、東京飛航管制部（東京ACC）、福岡飛航管制部（福岡ACC）以及那霸飛航管制部（那霸ACC）4個飛航管制部負責。

　　TBA0123航班起飛後，會從羽田機場的管制下移轉到東京ACC受管。管制部的空域又分為數個管制區域，每個區域皆配置2名管制員。管制員會一面確認航路搜索雷達（ARSR）上的畫面，一面與飛行員聯繫溝通，並給予指示。

　　從羽田機場至新千歲機場，一般而言會使用「Y11－V11航路」，一面接受「關東北管制區域」和「東北管制區域」的區域管制，飛過位於東北地方，有日本的「脊樑」之稱的山岳地帶上空。

飛行員

「Tokyo control, TBA0123, leaving 10, 000ft, direct to SEKIYADO.」
「東京管制部，這裡是TBA0123航班，通過10,000英呎，朝向關宿。」

東京ACC管制員

「TBA0123, Tokyo control, climb and maintain FL370.」
「TBA0123航班，這裡是東京管制部，請爬升至37,000英呎，並維持在此高度飛行。」

進入航路後便在東京ACC管轄的關東北、東北管制區域內受管。

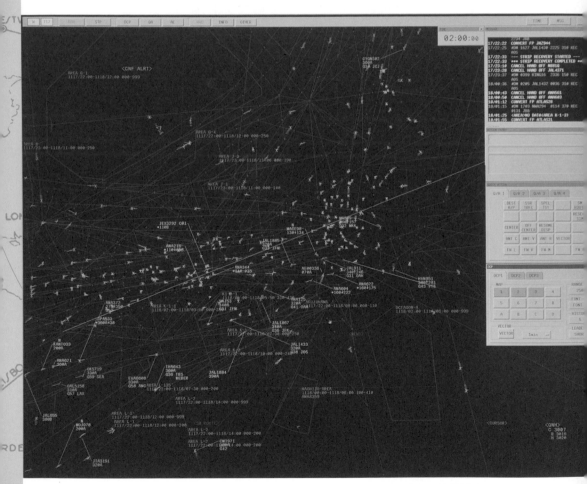

東京ACC內設置的新航路管制資訊集成系統（IECS）雷達畫面所顯示的飛機資訊。

照片／時事通訊photo

3-8　航路管制②（東京ACC、札幌ACC）

science of
air traffic
control

管制任務移轉至札幌ACC接管

　　TBA0123航班在岩手縣上空便進入到札幌ACC（札幌飛航管制部）管轄，接受三澤東管制區域的航空管制員管制。

航路管制員（東京ACC）

「TBA0123, contact Sapporo control 124.5MHz.」
「TBA0123航班，請以頻率124.5MHz和札幌ACC聯繫。」

飛行員

「Sapporo control, TBA0123, Flight level 37,000ft.」
「札幌ACC，這裡是TBA0123航班，飛航空層為37,000英呎。」

航路管制員（札幌ACC）

「TBA0123, Sapporo control roger.」
「TBA0123航班，這裡是札幌ACC，收到。」

　　東京ACC管制員會對航班提示頻率，指示該航班與札幌ACC聯繫。飛行員在**報告其飛航空層**後，便開始與札幌ACC的三澤東管制區域聯繫。

在岩手縣上空，飛航管制會從東京ACC得東北管制區域，移交至札幌ACC的三澤東管制區域接管。

航路管制 ❸ （札幌ACC）
由終端雷達管制（新千歲機場）接管

　　管制區域從三澤東移管至北海道南區後，立刻就會下達指示讓飛機降落至12,000英呎，並將管制權責移交至進行終端雷達管制的千歲近場台雷達（千歲雷達）。

　　TBA0123航班會跟從各個方向飛過來的降落飛機一起接受千歲雷達的引導，被編上編號後便進入最後進場（ILS進場）階段。

　　通常在交通量較頻繁的白天，千歲近場台雷達不會採用標準儀器到場程序（STAR），會以雷達引導的方式引導飛機進入最後進場程序（ILS進場）。

管制部管制員（札幌ACC‧三澤東管制區域）

「TBA0123, contact Sapporo control on 119.3.」

「TBA0123航班，請用119.3MHz頻率與札幌ACC聯絡。」

飛行員

「Sappror control, TBA0123, 119.3, flight Level 370.」

「札幌ACC，這裡是TBA0123航班，頻率119.3MHz，飛航空層37,000英呎。」

管制部管制員（札幌ACC‧北海道南管制區域）

「TBA0123, Sapporo control roger.」

「TBA0123號航班，札幌ACC收到。」

　　北海道南管制區域的管制部管制員下達指示，請飛機下降至12,000英呎，並指示與千歲近場台雷達聯繫。飛行員會複誦該指示，並且在與千歲近場台雷達連絡後回覆。

由於新千歲機場緊鄰航空自衛隊的千歲基地，由航空自衛隊的千歲管制隊統一控管。同時也進行政府專用機的保養以及使用。

※　當指示飛機降至14,000英呎（4,200m）以下時，一定要以QNH高度表撥定值通報。這裡的數值即為一例。

此外，當與不同的管制區域或管制員聯繫時，一定要先指示連絡頻率。當航空管制移管至千歲近場台雷達時，會依照協議，先由札幌管制部指示飛機降至12,000英呎後，再移交至千歲近場台雷達。

從北海道南管制區域移管至千歲近場台，以雷達引導進場。

終端雷達管制 ❷（新千歲機場）
ILS引導至最終進場路線

　　管制作業終於從管制部管制員移交至千歲近場台（終端雷達管制）的管制員手中。千歲近場台管制員為確保安全，會命令飛機降落高度，並以ILS（儀器降落系統）引導至最終進場路線，一面頒發ILS進場許可，一面引導飛機至千歲塔台的機場管制員。

飛行員

「Chitose approach, TBA0123, maintaining 12,000.」

「千歲近場台，這裡是TBA0123航班，飛航空層維持在12,000英呎。」

千歲近場台

「TBA0123, roger, radar vector to ILS runway 01R final approach course.」

「TBA0123航班，收到，以雷達引導至最後進場航道，做ILS進場進入01右跑道。」

飛行員

「TBA0123, roger, vector to ILS runway 01R final course.」

「TBA0123航班，收到，以雷達引導至最後進場航道，做ILS進場進入01右跑道。」

千歲近場台

「TBA0123, intercepting localizer course, cleared for ILS

runway 01R approach, contact Chitose tower.」

「TBA0123航班，已攔截左右定位台。允許以ILS進場至01右跑道。請與千歲管制塔台聯絡。」

「TBA0123, roger, cleared for ILS runway 01R approach, contact Chitose tower.」

「TBA0123航班，收到，以ILS進場至01右跑道，與千歲塔台聯繫。」

　　千歲塔台（機場管制席）的管制員一面確保起降飛機之間的安全，一面留意平行的航空自衛隊跑道上的自衛隊飛機，提出降落許可。

飛行員

「Chitose tower, TBA0123, on final, ILS runway 01R approach.」

「千歲塔台，這裡是TBA0123航班，正以ILS做最後進場，往01右跑道。」

千歲塔台

「TBA0123, runway 01R, cleared to land.」

「TBA0123航班，許可降落至01右跑道。」

飛行員

「TBA0123, roger, runway 01R, cleared to land.」

「TBA0123航班，收到，降落至01右跑道。」

機場管制 ❺（新千歲機場）
降落後，指示與地面管制席連絡

　　TBA0123航班降落後，機場管制席的管制員會指示該航班
的飛行員與地面管制席聯繫。降落後在機場內移動相關的聯繫，
包含接下來要滑行的**滑行道**，以及飛行員請求到達的**停機坪**等。
以效率和安全的觀點為基礎，管制員和飛行員在協調下決議滑行
道及停機坪。

機場管制席

「TBA0123, contact Chitose ground.」
「TBA0123航班，請聯繫千歲地面管制。」

飛行員

「Chitose ground, TBA0123, request taxi to spot.」
「千歲地面管制，這裡是TBA0123航班，請求滑行至停機坪。」

地面管制席

「TBA0123, taxi to spot.」
「TBA0123航班，請滑行至停機坪。」

TBA0123航班滑行至停機坪後，將由空橋（boarding bridge）連接，當乘客全部離機後飛行作業便完整結束。此外，新千歲機場為與航空自衛隊共用的機場，機場管制**由航空自衛隊負責**。

BA0123航班以ILS雷達（儀器降落系統）引導降落。新千歲機場是日本國內其中一個設有最高精密度的CAT-Ⅲb層級的機場。

降落後，在地面管制席（ground control）的管制下滑行至滑行道，並朝向停機坪
（apron）前進。

經過滑行道並進入停機坪後，便會靠至指定的航站。

飛機到達定位後，飛行任務便結束。飛機會連接空橋，讓旅客開始離機。

羽田機場降落編制
模擬降落至超壅塞機場

　　到目前為止已解說了從羽田機場起飛～降落至新千歲機場的管制原貌，而羽田機場正是**日本國內交通最壅塞的機場**。本節將介紹在世界上規模屈指可數的新式機場，即羽田機場的降落情形，並將飛機起降的所有狀況，包含順暢又安全的航務等在紙上讓各位讀者體驗。

■ 從航路管制開始（東京ACC）
到終端雷達管制（東京近場台）

　　在航路上飛行的TBA0123航班，會一面接受東京ACC的管制，一面飛航，並往羽田機場靠近。

　　在東京ACC及東京近場台的管轄交界線上有一定位點（Fix，進場飛行中，有必要確認操作的地點）叫作STONE。在TBA0123航班抵達STONE之前東京ACC會指示駕駛員以標準儀

終端雷達管制（東京近場台）。飛機進入前往羽田機場的航路。

器到場程序（STAR）對應至羽田機場的使用跑道，並在STONE
定位點上將管制移交給東京近場台。

此外，當羽田機場風向為西風時，從北方過來的降落飛機會
使用第23號跑道，飛機會改以DATUM arrival（一種通過定位點
DATUM的到場航路）的程序到場。抵達路線會依風向及進入方
向而有各種不同的模式。

東京ACC

「TBA0124, cleared via DATUM arrival, descend to reach
11,000 by STONE. QNH29.89.」
「TBA0124航班，許可依據DATUM到場程序飛航。到達STONE
定位點前請降至11,000英呎。QNH值為29.89。」

飛行員

「TBA0124, roger, cleared via DATUM arrival, descend to
reach 11,000 by STONE. QNH29.89.」
「TBA0124航班，收到，許可依據DATUM到場程序飛航，
STONE定位點前下降至11,000英呎。QNH值為29.89。」

東京ACC

「TBA0124, contact Tokyo approach.」
「TBA0124航班，請聯繫東京近場台。」

飛行員

「TBA0124, roger, contact Tokyo approach.」
「TBA0124航班，收到，與東京近場台聯繫。」

② 終端雷達管制～東京近場台（羽田機場）

　　TBA0124航班進入負責管轄機場週邊的東京終端雷達管制區域。這個區域由負責降落飛機進場的羽田機場東京近場台進行雷達管制。

　　羽田機場有4條跑道，由東北、北海道、中部、北陸、關西、中四國、九州、沖繩以及國際線等許多飛機從各個方向飛來，為了要控制噪音，必須在清晨、深夜以及午間變更進場路線。

　　此外，當飛機起降時，無論何者均適用於順風向，因此必須考慮對起降而言最重要的風向與風速來選擇跑道。

　　東京近場台會一面考慮上述各點，一面以標準儀器到場程序

一邊下降高度，一邊接受東京近場台的終端雷達管制，往羽田機場接近。

（STAR）讓TBA0124航班高度下降，並以安全又順暢的方式引
導進入最後進場路線，頒發進場許可（以LDA Z進場程序※朝向
23號跑道），並將管制權移交給塔台（機場管制席）。

飛行員

「Tokyo approach, TBA0124, departed STONE, 11,000.」
「東京近場台，這裡是TBA0124航班，通過STONE定位點，高
度為11,000英呎。」

東京近場台

「TBA0124, roger, descend and maintain 8,000.」
「TBA0124航班，收到，請降至8,000英呎。」

飛行員

「Tokyo approach, TBA0124, roger, descend and maintain
8,000.」
「東京近場台，這裡是TBA0124航班，收到，高度降至8,000英
呎。」

東京近場台

「TBA0124, descend and maintain 4,000, cross DATUM
4,000.」
「TBA0124航班，請降至4,000英呎，以4,000英呎高度通過
DATUM。」

※　LDA（Localizer Type Directional Aids）進場程序會在與跑道不同的地點設置左右定
　　位台，透過左右定位台讓飛機從跑道的反方向進場，並在能夠目視跑道的地方迴轉
　　並降落，這種方式屬於非精確儀器進場方式，會使用於22號跑道及23號跑道。在
　　機場要控制噪音時，或飛機停時平行進場時，就會用這種進場程序，且根據LDA的
　　高度或地點不同，又可稱為「LDA Z」或「LDA W」。

飛行員

「TBA0124, roger, descend and maintain 4,000, cross DATUM 4,000.」

「TBA0124航班，收到，高度降至4,000英呎，以4,000英呎高度通過DATUM。」

東京近場台

「TBA0124, clearedfor LDA Z RWY 23 approach, contact Tokyo tower.」

「TBA0124航班，許可以LDA Z進場至23號跑道。請與東京塔台（機場管制席）聯繫。」

飛行員

「TBA0124, roger, cleared for LDA Z RWY 23 approach, contact Tokyo tower.」

「TBA0124航班，收到，許可以LDA Z進場至23號跑道。與東京塔台（機場管制席）聯繫。」

3 機場管制～機場管制席（local control）

飛機降落對管制員和飛行員而言，是整個飛航作業中最緊張

飛機一面接受機場管制（local control），進入到降落姿態。

的時段。這段時間又被稱為 Critical 11 Minutes（關鍵 11 分鐘），也就是起飛後的 3 分鐘，以及降落前 8 分鐘，這段時間發生最多空難及事故。

在此將針對從終端雷達管制（東京近場台）移管至管制塔的機場管制席（local control）後的溝通做說明。

飛行員

「Tokyo tower, TBA0124, on final RWY 23.」

「東京塔台（機場管制席），這裡是 TBA0124 航班，正朝向 23 號跑道作最後進場。」

以 ILS（儀器降落系統）的無線電波引導降落至 D23 跑道（假想圖）。此外，羽田機場的 ILS 系統只有 C34R 跑道的層級為 CAT-Ⅱ，其餘都是 CAT-Ⅰ。

東京塔台（機場管制席）

「TBA0124, RWY 23, cleared to land, wind 200 at 10.」

「TBA0124航班，允許降落至23號跑道。風向為200度方向，速度10海浬。」

飛行員

「TBA0124, roger, RWY 23, cleared to land.」

「TBA0124航班，收到，降落至23號跑道。」

4 機場管制

～地面管制席（ground control）

　　TBA0124接受機場管制席的降落管制，以儀器降落系統降

降落於跑道的TBA0124航班。

落。降落並離開跑道後，便開始受到地面管制席管制員的管制。

　　機場管制席的管制員會指示地面管制席管制員的頻率，並移交管制權。地面管制席的管制員會指定飛機行走的滑行道。

　　之後，TBA0124航班會停泊於航廈的停機坪，結束飛航。

機場管制席

「TBA0124, contact ground 118.22.」

「TBA0124航班，請以頻率118.22MHz與地面管制席聯繫。」

降落滑跑結束後，飛機會一面接受地面管制（ground control），一面向滑行道前進。

從滑行道進入停機坪（apron），目標朝向指定航站。

進入航站後,便結束所有飛航作業。旅客隨即開始離機。

第 4 章

了解事故及預防事故措施

航空管制隨著科技進步，一步步發展至今。
但是「人為疏失」「惡劣天候」「火山灰」「鳥擊」等，
對現在而言仍然是相當大的威脅。
本章將針對這些威脅及解決對策對各位讀者說明。

2009年1月，緊急迫降於哈德遜河的全美航空（US Airways）空中巴士A320飛機
（1549航班）。

照片／SCANPIX，時事通訊photo

與睡意和疲勞奮鬥的開拓者
襲擊林白的事物

「我腦中的意識開始模糊，身體反應變得遲鈍。完全沒有力氣做任何事。已經撐不下去了。好想睡。我逐漸失去決心和耐力」——1927年駕駛「聖路易斯精神號」（Spirit of St. Louis）首度以33小時30分橫越大西洋的查爾斯・奧古斯都・林白（Charles Augustus Lindbergh，又譯林德伯格），如此記載他與強大的睡意及疲勞奮鬥的事蹟。

這趟飛航冒險是戰勝了強烈的睡意以及難以抑止的疲勞才得以完成。

疲勞的英文是「fatigue」，指的是伴隨著睡意的疲乏狀態。一般而言，在睡眠不足或積勞的狀態下，睡意便會來襲，漸漸變得無法控制自我意識。

例如在開車時，如果像林白一樣睡意來襲，說不定也有人曾經歷過千鈞一髮的驚險狀態。

睡眠對人類生存而言，是最重要的元素之一，但這項元素卻一直未受到重視。不過，在航行和航空管制的領域裡，睡眠及時差相關的研究，早就與過勞一起進行了。這是因為人們很早就知道，睡眠不足是和人為疏失有直接相關的人為因素，這一點從過去就已經被確認。

最近獨立行政法人電子導航研究所（ENRI）正在開發一種**語音分析儀器**，能夠透過聲音檢測，比本人更早發覺睡意及疲勞感。

林白。後方為他進行單人橫越大西洋不著陸飛行所駕駛的「聖路易斯精神號」。
1931年，他更成功橫越北太平洋。

照片：SCANPIX ／時事通訊 photo

特內里費機場噴射客機相撞事故
原因是溝通失誤

如果分析空難的原因，就可以知道大部分比例都是由管制員和飛行員之間的溝通失誤所造成。

1977年3月，在西班牙屬加納利群島的特內里費機場，KLM荷蘭皇家航空（航空代碼KL/KLM）和泛美航空（航空代碼PA/PAA）的噴射客機（波音747機型）發生碰撞，造成583人死亡，可說是史上最大的空難事件。

這件慘劇的主要原因，是因為**KLM荷蘭皇家航空飛機的機長在未經許可之下起飛**。該機長將管制塔發出的「飛航管制許可」（ATC clearance）誤認為「起飛許可」（take-off clearance）並開始起飛。此時，副機長指出「還沒有頒發起飛許可」（take-off clearance），但機長並未理會副機長。

當時跑道上還有正在移動的泛美航空飛機。KLM荷蘭皇家航空的機長發現忽然在霧中出現、朝向自己飛過來的泛美航空飛機，驚叫後準備飛過泛美航空的飛機，並奮力將操縱桿往跟前猛拉。

但就差一瞬間，KLM荷蘭皇家航空的主起落架（主輪）和機體下半部仍然直接撞上泛美客機的第3引擎，並撕裂駕駛艙後方的上半部機身，連機尾也被截斷。

KLM荷蘭客機也在前方150m的跑道上墜落，並滑行了300m，被一團火球包圍。

KLM荷蘭客機上的乘客和機組人員共248名全數死亡，泛

■ 特內里費機場噴射客機相撞事故的概要

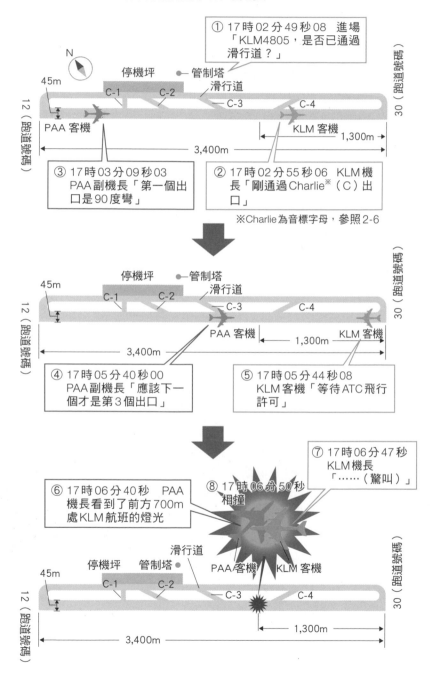

① 17時02分49秒08　進場
「KLM4805，是否已通過滑行道？」

停機坪　●管制塔
滑行道
C-1　　C-2　　　C-3　　　　C-4
45m
PAA 客機
KLM 客機　　1,300m
3,400m

③ 17時03分09秒03
PAA副機長「第一個出口是90度彎」

② 17時02分55秒06　KLM機長「剛通過Charlie※（C）出口」

※Charlie為音標字母，參照2-6

停機坪　●管制塔
滑行道
C-1　　C-2　　　C-3　　　　C-4
45m
PAA 客機　　1,300m　　KLM 客機
3,400m

④ 17時05分40秒00
PAA副機長「應該下一個才是第3個出口」

⑤ 17時05分44秒08
KLM 客機「等待ATC飛行許可」

⑦ 17時06分47秒
KLM 機長
「……（驚叫）」

⑥ 17時06分40秒　PAA
機長看到了前方700m
處KLM航班的燈光

⑧ 17時06分50秒
相撞

滑行道
停機坪　管制塔 ●
PAA 客機　KLM 客機
45m
C-1　　C-2　　　C-3　　　　C-4
1,300m
3,400m

美客機乘客和機組人員共396名，其中有335人死亡，僅有包含2名機組人員共61人獲救。

　　荷蘭事故調查委員會針對事故發生的原因，指出是因為「機場壅塞」、「飛機同時請求飛航管制許可（ATC clearance）及起飛許可（take-off clearance）」、「KLM荷蘭客機和塔台相互誤解（弄錯『正在起飛』和『位於起飛位置』）」、「使用『OK』等不清楚的用語」，以及以無線電聯絡『OK』後因「訊號重複蓋台」產生2秒的訊號空白等。

　　在許可飛行計畫時，管制員也會針對起飛後的出發路徑做出指示。造成這起事故的最大主因，乃是KLM機長將管制員發出的「After Take-Off dorect to～（起飛後，請朝向～）」指令，誤認成起飛許可之故。

除了垂直尾翼及起降裝置外，還有無數的殘破碎片散落在跑道上

照片／AFP＝時事

4-3 日本飛機 駿河灣上空空中接近事故

science of
air traffic
control

管制員與飛行員間的溝通失誤

　　2001年1月31日，在靜岡縣燒津市上空，一架由羽田機場出發，往那霸飛航的日本航空JAL907號班機（波音747，機上乘客和機組人員共計427名）與從韓國釜山出發，往成田機場飛航的同公司958號航班（DC-10，機上乘客和機組人員共計250名）發生**空中接近事故**，兩架飛機為了迴避而讓機體急遽爬升及下降，造成100人受到輕重傷。

　　這起空中接近事故的開端，是在當天下午4點前，管制日本中央區域（東北、關東、中部、關西）航路的埼玉縣所澤市東京飛航管制部（東京ACC）雷達畫面忽然出現「異常接近警報」（CNF），通知管制部發生異常狀態。

　　異常接近警報會計算飛航中的飛機在3分鐘後或5分鐘後的位置，當預測到飛機未取得既定的管制間隔、或在水平距離5海浬（約9km）範圍內有2架以上的飛機進入時，便會出現警報。以下將重現一部分當時的訊息溝通狀況。

管制員

「JAL907航班（原應指示JAL958號航班，指示錯誤），請下降至35,000英呎（約10,500m）。附近有相關飛機經過。現在請立刻下降。」

　　這裡的管制員（實習生）混淆了航班編號，下了錯誤的指

令。但負責指導的管制員（教練）以及協調管制員並未發現錯誤。事實上原本應該讓JAL958號航班下降，JAL907號航班上升，但由於管制員將航班編號弄錯，讓JAL907號航班下降，接著，該航班便漸漸靠近JAL958號班機。

JAL907號航班
「這裡是JAL907號航班，下降至35,000英呎。已目視到相關航班。」

到此為止，JAL907航班的機長對於「飛機正在上升，為何指示下降」感到懷疑，但仍然遵從指示官的指示。

此時，JAL907航班機上的**空中防撞系統**（TCAS）出現**迴避警報**（RA），並指示飛機上升，但JAL907航班的機長仍依照管制員錯誤的下降指示，並未遵循迴避警報的建議。

這項空中防撞系統在航法上，屬於客機必須義務配備的裝置。它會針對本機周圍的飛機發出詢問電波，再根據詢答電波測得對方的方向、距離及高度。空中防撞系統會經常顯示與對方飛機的靠近率，並依照靠近的程度提供機組人員建議。

另外，當時的JAL958航班的無線狀態不穩定，雖然使用相同的頻率溝通，但對於JAL907航班和管制員之間的溝通並未顯示於JAL958航班的螢幕上。

但是，JAL958航班飛機上的空中防撞系統也指示飛機降落迴避，因此JAL958航班的機長遵從指示，讓機體下降。之後，管制員針對JAL958航班，做出以下的磁航向變更指示。

管制員

「JAL958航班（航班名稱無誤），由於間隔設定之故，請改往磁方位130度方向飛行。」

管制員

「JAL958航班（航班名稱無誤），由於間隔設定之故，請改往磁方位140度方向飛行。」

到此雖然JAL958航班並未回答，但兩架飛機已經更接近了。接著筆者將省略一部分，把後面的溝通訊息在下一段呈現。

管制員（教官）

「JAL907航班（航班名稱無誤），請『上升』至39,000英呎。」

但是，JAL907航班的機長判斷「已經縮小引擎推力，最好還是持續下降」。其結果，兩架飛機都在降落的狀態下漸漸接近。JAL958航班的機長發現JAL907航班的機首向下，正在降落至與自機相同高度，於是立刻判斷停止下降。機長將操縱桿強力拉起，讓機體上升。其後，兩架飛機更加靠近，數秒後，JAL907航班與JAL958航班以130m的距離在空中靠近。接著JAL907航班向管制員傳達以下訊息。

JAL907航班

「Er……Japan air nine zero seven, 將以日文報告。剛才在燒津

■ 事故發生地點附近的飛航狀況概略圖

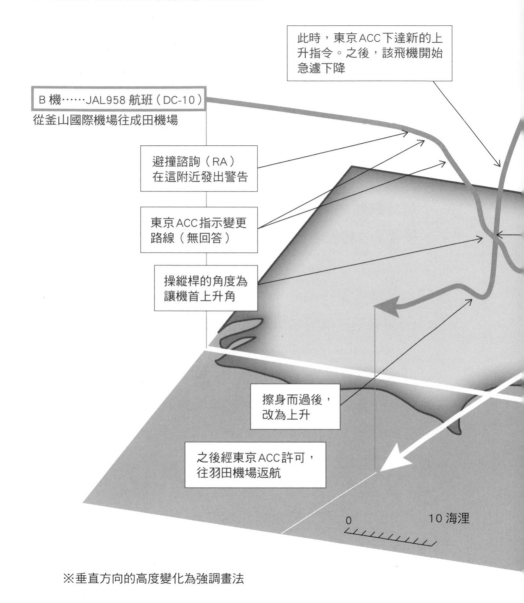

此時，東京ACC下達新的上升指令。之後，該飛機開始急遽下降

B機……JAL958航班（DC-10）從釜山國際機場往成田機場

避撞諮詢（RA）在這附近發出警告

東京ACC指示變更路線（無回答）

操縱桿的角度為讓機首上升角

擦身而過後，改為上升

之後經東京ACC許可，往羽田機場返航

0　　　　　　10 海浬

※垂直方向的高度變化為強調畫法

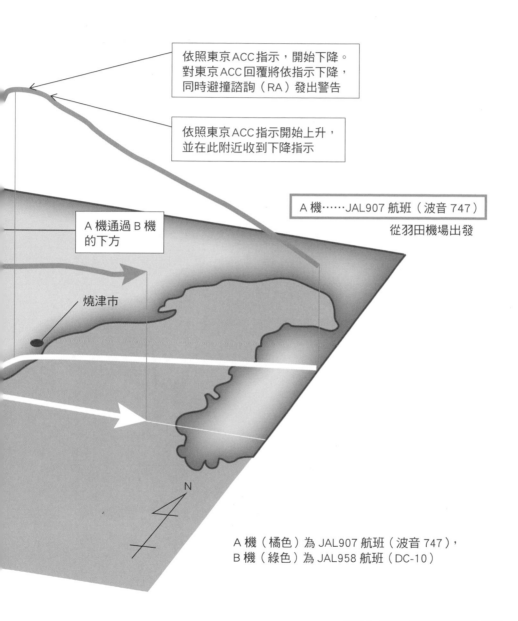

依照東京 ACC 指示，開始下降。
對東京 ACC 回覆將依指示下降，
同時避撞諮詢（RA）發出警告

依照東京 ACC 指示開始上升，
並在此附近收到下降指示

A 機……JAL907 航班（波音 747）

從羽田機場出發

A 機通過 B 機
的下方

燒津市

N

A 機（橘色）為 JAL907 航班（波音 747），
B 機（綠色）為 JAL958 航班（DC-10）

出處：《航空事故調查報告書 日本
航空公司所屬 JA8904（與同公司所
屬之 JA8546 空中接近）》（國土交
通省航空・鐵路事故調查委員會）

市附近，本機與本航空公司DC-10飛機發生接近……接近事故。剛才的狀況相當危險，兩機高度差僅約200英呎（60m）。以上報告。」

　　最大的原因之一就是不夠純熟的管制員將飛機航班號碼弄錯。容易發生潛在錯誤的程度又稱為 error potential，依階段又可以標示成0～Ⅳ，共5個階段，這個事件被認為相當於第Ⅳ階段（參照4-10）。管制員因為極度緊張，陷入恐慌狀態，或許連意識也失去一半。

　　日本本國也以此事件為契機，針對管制空域、航路設定以及管制員的訓練體制等進行修正，並且在此事件之後，改規定「TCAS系統優先於管制員的指示」。

因空中接近事故而損壞的機內天花板。據說是在急遽的迴避操作下，乘客及機組人員因而撞開天花板之故。

照片／時事通訊 photo

參考：《航空事故調查報告書　日本航空股份公司所屬JA8904（與同公司所屬之JA8546空中接近）》、《日本航空907號航班航空事故相關調查結果》（國土交通省航空・鐵路事故調查委員會）

4 − 4

**science of
air traffic
control**

何種原因會引起重大事故？
人為疏失、組織文化

　　1985年8月12日發生的「日本航空123號班機墜機事故」，在乘客及機組人員524名當中，除4名乘客之外，其餘的520名均死亡，可說是**單一飛機在航空史上發生最嚴重的事故**。發生事故的飛機波音747，在下午6時12分於羽田機場C跑道起飛，下午6時24分左右，機體後部於相模灣上空開始出現異常。其後便陷入無法操控的狀態，於群馬縣多野郡上野村的御巢鷹山脊墜毀（譯註：實際上應該是御巢鷹山與高天原山之間的一個無名山脊）。

　　這起事故發生的原因，是1978年該架波音747飛機在大阪機場因發生「**機尾觸地事故**」後，並未按照指示修理機體。波音公司針對該次事故所進行的後部壓力隔板修理有重大疏失。在波音公司要以新的隔板來取代因機尾觸地事件而變形的後部壓力隔板並進行拼接時，在原本應該要以2排鉚釘接合的地方卻只用了1排。加上因為這個部位須以防水密封，因此檢查時，也沒有發現這項錯誤。

　　美國的太空梭計畫也曾因組織文化而接連發生事故。1986年1月，「挑戰者號」在發射升空後73秒便引發大爆炸，機體和7名機組人員均墜落至佛羅里達州的海面上。這起事故的原因是火箭助推器（輔助火箭）的接合部位燃料外洩，外洩的燃料又與火箭助推器下方的火焰引起大火。

　　事發當時，低溫襲擊佛羅里達。因此負責製作火箭助推器O

失事墜落於群馬縣御巢鷹山脊的日本航空123航班主翼

照片／時事通訊 photo

發射後因火箭助推器（輔助火箭）燃料外洩而爆炸的「挑戰者號」

照片／ dpa、時事通訊 photo

型環的公司曾提及「（用於防止火箭助推器的燃料從接合部位外洩）O型環在寒冷的環境下有可能無法發揮其功能」，並建議延後發射日期。但是NASA（美國航太總署）意識到，在發射後隔日，當時的總統雷根（Ronald Wilson Reagan）會在國情咨文（State of the Union address）提及增加太空開發預算，因而決議強行發射。

此外，2003年2月，「哥倫比亞號」在返回地球途中，因在空中解體而使7名太空人全數犧牲。發生原因是由於發射時，外部燃料油槽的隔熱磚脫落，隔熱磚破壞了該太空梭的左翼前側。哥倫比亞號在左翼前側損壞的狀態下仍進入大氣層，導致從損壞的部位滲入超高溫氣體，將整個太空梭破壞。

在此次飛行前，隔熱磚脫落事件經常發生，但NASA內部將此視為「不影響安全的容許範圍」。在事故調查報告書中則認為，「事故發生的根本在於NASA組織結構問題」。

報告書中指出，「NASA組織風氣為不將現場資訊確實向上傳達」以及「對於事情成功後的結果過度肯定」等，認為事故發生的根本原因在於太空梭計畫的「**歷史和文化導致**」。

此外，更指出「在NASA裡，只要飛行管理員認為安全，工程師便無法將心中疑慮說出口，結果造成內部存在一種特殊風氣，只有認為安全這個看法被散播開來的『沉默的安全』」。即使在既大又複雜的體系中被評價為高可靠性，且**在各方面都被認為是模範的NASA安全管理系統，仍然可窺見因組織風氣而崩壞的實態**。

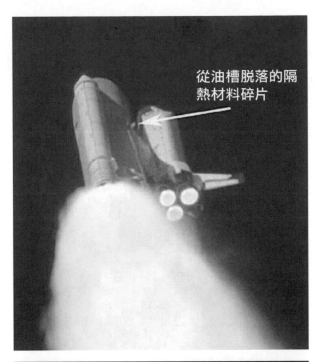

從油槽脫落的隔熱材料碎片

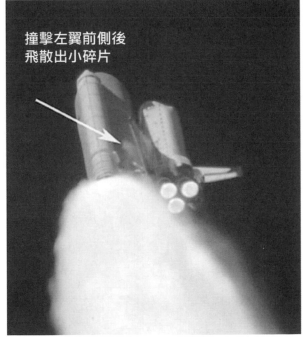

撞擊左翼前側後飛散出小碎片

2003年1月16日，「哥倫比亞號」發射後的畫面。從外部燃料油槽脫落的隔熱磚碎片剝落（上照），撞擊太空梭左翼前側後可看見小碎片飛散（下照）

照片／NASA（美國航太總署）、時事通訊photo

為何事故會連續發生？

事故一發生，適當措施已經來不及

事故會有連續發生的傾向。以時間軸來看連續發生的事故，幾乎都是有規律的線條，因此又稱為「**事故發生週期**」。為什麼會這樣呢？

當無事故發生的時期持續一段時間後，從事工作的人們的安全意識就會薄弱，違反規則的**不安全行為**也會變成平常化。如此一來，就會忽略異常，開始放任，導致發生機械或設備維修不良，以及設備損壞等，進入到一個隨時可能發生事故的**不安全狀態**。

這種一觸即發的狀態，會產生許多事故發生前兆，如千鈞一髮的狀態等，這正是對即將發生重大事故提出的警告。但是，已經放鬆警惕的人們不會注意到這些訊息，陷入難以提早預料的狀態。這就是「安全模糊」症狀，如果放任不管，當然就會發生事故。

但是，事故一發生，無論是人或環境，都還停留在事故發生前的舊有狀態，在能夠做出適當對策之前，仍然會發生相同的事故。這就是連續事故的組成。

大事故發生後，會依相關人員採取有關對策，因此事故會漸漸銷聲匿跡。大型的事故或事件（尚未釀成大禍的小事件）一發生後，就會強烈意識到安全問題，認真在安全對策下功夫，但**隨著時間經過，對安全的意識也會逐漸薄弱**。對安全意識低落這件事，可說是不完美的人類無法避免的問題。這樣一來，又會造成

事故發生週期不斷輪迴。

　　一般而言，事故或災害發生後，約8年左右的時間內，幾乎所有相關者和其發生地點周圍的人都會認為「不願意再次遇到那種事故或災害」，但平安無事地過了15年後，現實生活中確實遭遇事故或災害的人，有40%會認為「應該不會再發生那樣的事故或災害了吧」，而**經過30年後，則普遍會被認為已經是一樁過去的事**。

東北地方因太平洋外海地震引發的海嘯，造成建築物被夷為平地的岩手縣大槌町。一旦記憶隨之淡薄，就有可能重複遭受同樣的災害。

如何預防人為錯誤？
人正是一面犯錯一面進步

　　最近一份報告指出，美國有95%的事故、英國有97%的事故都是「因為人類造成的不安全行為導致」。生於西元前，希臘的聖熱羅尼莫曾說過，「犯錯為人之常情」。人類自有史以來，就是一邊犯錯，一邊寫下歷史。

　　甚至，更可以說不會犯錯的，就是一事無成的人。人類犯下錯誤後，相對的就能夠造就新的更優秀的事物——不確定性以及進步，就是人類的本質。

　　人類是會犯錯的動物，這種令人受不了的本質，又可以從以下說明進而了解。

■ 海因里希安全法則（Heinrich's law）

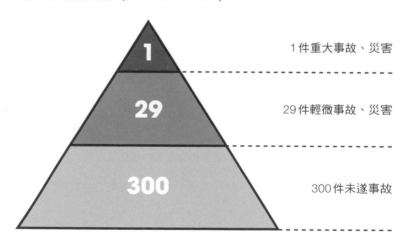

海因里希法則。在美國傷害保險公司工作的海因里希（Herbert William Heinrich）以統計學調查約5,000件勞動傷害後發現，「1件重大事故或災害的背後會有29件輕微的事故或災害發生，且更有300件未遂事故存在」。

　　無論遭遇何種嚴重的大事故，只要超過一定期間，就會再次有「只是稍微放鬆應該無所謂吧」、「這樣做沒關係、沒關係」等不安全的行為產生。

　　其結果，一但忽略的未遂事件或小事故，就會造成發生不可逆的重大事故。

　　為了要讓擁有不確定因素的人類能夠採取不讓事故發生的安全行為，有許多企業從上至下均推動安全運動。唯有教育一途，才是對抗會重複犯錯的人類的唯一手段。

　　許多工廠等機構的生產現場都經常保有「**安全是創造出來的**」、「**安全是要透過努力摘取的**」等安全意識，並且為了加強這種意識，更將安全運動列入生產活動中。

○ 早期發現人為疏失的原因

　　美國隨著形成近代工業社會以來，連續發生了重大的事故。災害不僅影響到營業工廠內部，甚至波及周圍的人以及環境，而其原因已被了解屬於人為疏失。

　　因此，美國針對與人為疏失相關的人際關係、人的健康狀態等，所有與人類活動相關的人為因素進行研究。

　　一開始是為了追查作業效率而發展這類研究，但後來漸漸變成研究事故發生原因的方法。針對檢測人為疏失的導火線如**疲勞、睡眠不足等的系統開發**，也迅速開始進行。

　　在這極短的時間內，同時也積極尋求人類和機械系統之間最合適的適應方式（介面），並從各方面嘗試各種努力。但是，針對防止人為疏失的對策，目前尚未找到有效的方法。

其原因是因為，對於具有不確定性的因素，且容易突發奇想的人類，我們尚未能完全了解透徹。今後，如果開發能夠思考及判斷的電腦系統，想必對於釐清人類大腦一定能發揮大功能吧。

第2次世界大戰中，張貼於美軍航空運輸機部隊・飛機修理部門的海報。這是一張針對飛機維修人員設計的海報，「SPILLS CAN KILL！」的意思是「小失誤有可能會釀大錯」。此外，針對在危險作業中犯下過錯或引發事故時，也記載其處理方法如「立刻終止作業」、「切割錯誤」、「必要的話就進行驗證」、「必要的話須針對場地做物理區隔」、「所有操作均須有適當的限制」以及「尋求適當的專家忠告」。

4 – 7
science of air traffic control

澳航機場的安全文化為何？
Safety before schedule
（遵守時間前，先維護安全）

　　飛機準時制度，也就是遵守時間，這是相當重要的，但也有句話說「Batter late than Never」（就算遲到降落，也比永遠不會再降落的好）。對搭飛機的乘客而言，一定也會認為這句話「實在有道理」。飛機不降落的意思，大多指的就是「墜機」，也就是「死亡」。

　　澳洲的澳洲航空公司（Qantas Airways Ltd.）從1951年起，就沒有再發生過死亡事故。澳洲航空將「Safety before schedule」（遵守時間前，先維護安全）和「Tender love care」（就像珍惜情人一樣）當作座右銘，對機體的維修相當費心則是他們堅持的傳統。

「If you think Safety is expensive, try having accident!」（如果你認為安全的代價很高，那麼請讓事故發生）——這句澳洲航空的標語正表示出，將安全放再第二順位的代價會有多大。

參考：「飛行操作手冊」（澳洲航空）

距離其他開發國家相當遙遠的澳洲，從成立航空公司以來，當飛機損壞要維修時，為了準備零件，所花費的時間往往久得令人難以忍受。因此為了**不讓飛機損壞，從過去到現在一直維持優良傳統，對零件保養相當仔細。**

大部分的澳洲人是過去因經濟、宗教等各種理由，而從各地移居過來的開拓者的後代。因此他們自力更生的能力相當強，而這項特質也形成現在他們堅韌的民族特性。

從這樣的傳統孕育出來的，就是在緊急時刻或有困難時，不會輕易依賴別人或組織，而是靠自己開拓自我命運的精神。

該航空公司的職員會針對安全的考量以及方針，以不分上下的平等方式檢討具有建設性的議題。因此澳洲被認為是一個「無論是變窮還是變富有，都相當困難」的穩定國家。

由於該國家的人權意識和平等意識相當發達，對自我意見都能夠無顧忌的發表，即使對於解決問題的過程有多麻煩，也會一一討論並解決。

○ 澳洲航空的安全守則

・安全優先於任何問題

・有關安全的問題就立刻執行

・為了安全，不惜花費經費

・經常思考事故的重大性

・經常承接安全政策

・全公司職員均要有高安全意識

4－8

science of
air traffic
control

針對管制員的
教育訓練工具為何？
持續導入TRM訓練

　　最近針對飛行員的教育訓練，相當普及的訓練方式是**CRM**（Crew Resorce Management，組員資源管理訓練）。CRM首先從冷靜客觀地自我理解開始，再加上團體討論，並針對周圍所有人力及設備工具加以動員、審議，企圖解決已發生的問題。以飛行員為首，當操控室的機組人員遇到危機時，會集合所有的智慧，以團隊合作的方式從危機中逃出。

　　在歐洲，這個方法也應用於航空管制員身上，透過航空管制的整合機構，也就是歐洲航空安全組織（Eurocontrol），開發了**TRM**（Team Resource Management，團隊資源管理）軟體。這套軟體是以適用於飛行員的CRM系統，改良成適合航空管制員的TRM。

　　開發這套軟體的原因，是因為歐洲航空安全組織在分析小事件的發生原因時，發現多半都是因為缺發團體合作的功能所致。

　　1996年，歐洲航空安全組織決定導入TRM訓練，參加國家

在飛行模擬器內進行的「航路導向飛行訓練」（LOFT）。照片為模擬波音747的儀器。

有澳洲、丹麥、法國、德國、義大利、葡萄牙、羅馬尼亞、瑞士以及英國，並開始針對TRM進行導入、測試以及評估。

這些國家均在1998年前開始進行TRM標準課程訓練，到現在，TRM訓練的導入已經有所改善，也擴展至航空管制的各個領域，如從事飛航業務（ATS）及飛航管理（ATM）等人員。

○ 終極危機逃生軟體（LOFT）

飛行員或管制員為了準備緊急情況，必須累積訓練無論身陷何種狀態，都不能失去冷靜。最近身對飛行員的CRM訓練當中，也一併增加了 **LOFT**（Line Oriented Flight Training，航路導向飛行訓練）。

LOFT除了一般的飛行計劃外，也包含假想機組人員未實際經歷的，極少發生的緊急狀態計畫。

當然，這些訓練計畫都不會讓機組人員知道，因此機組人員會突然陷入危機。但是受訓者在遇到這些狀況時，不能慌亂，必須冷靜地排除障礙，並繼續飛行，一面充分利用同行的教官或機組人員、管制員等所有人為方式，以及可用的機械操作，尋求將問題解決。整個過程會記錄下來，在訓練結束後，還能夠用於思考合適的解決對策。

此外，ICAO在飛機的運航及安全、航空保安業務以及機場運用方面，決定導入 **SMS**（Safety Management System）。SMS系統用於針對安全相關的方針以及目標作明確的策劃和決定，為了達成目標而提案計畫、並實施以及監控，屬於統括且具系統性的安全管理系統。

4-9　疲勞檢測系統的演進

science of
air traffic
control

即時顯示身心狀態

　　到目前為止，為了檢測與人為疏失直接相關的疲勞與睡意，有各種系統已被開發。例如以下幾種。

1. 用電極檢測腦波，判斷腦部是否處於睡眠狀態。但要如何在作業中的頭皮上接電極，則是必須思考的課題之一。
2. 以電極等測定肌肉的動作以檢測疲勞，當被睡意侵襲時，頭部會測到前後晃動，就能夠檢測出疲勞及睡意。但這也需要特別的裝置才能使用。而且如果頭部已經出現搖晃，就太遲了。
3. 從唾液中檢測「褪黑激素」，並判斷腦部是否處於睡眠狀態。褪黑激素是在夜間會從腦部分泌出的物質。
4. 以相機拍攝顯示人的臉部，並監控眼睛部位。並測量眼皮閉起的時間長短，檢測疲勞及睡意。

　　以上幾項當中，以第4項最容易被具體實施，在汽車界中已被實際運用。

　　此外，將管制員或飛行員之間的無線電聲音用電腦顯示並分析，在本人發覺前，更早一步測得疲勞或睡意，進而防止人為疏失的相關技術開發也正在發展進行。

　　到目前為止，也有在事故發生後，分析在錄音筆中的飛行員聲音等實例，但現在已轉變成以即時呈現的方式檢測身心狀態，並能掌握「漸漸想睡」以及「疲勞漸漸累積」等過程。這是利用

聲音訊號呈現出的波形，來觀察聲波紋中的「不穩定性」。

　　而在開發中的實驗裡，會讓受試者閱讀報紙，並請他長時間回答單純的計算問題，來調查聲音的變化。隨著這些時間增長，聲音當中的不穩定性就會增加，接著在閱讀自己有興趣的文章，並休息片刻後，聲音的不穩定性就會減緩。

　　這個實驗當中，當受試者自己宣告疲勞或想睡時，事實上在**本人產生自覺的前25分鐘，聲音當中早已有疲勞的前兆**，這個實驗也得到一個結論，那就是**本人產生自覺和實際的身心狀態事實上有落差。**

■ 從眼睛的開合狀態推斷駕駛員是否想睡

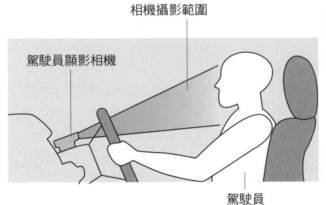

相機攝影範圍

駕駛員顯影相機

駕駛員

檢測上下眼瞼來計算眼睛的開合度

TOYOTA汽車「防瞌睡系統」會檢測眼睛的開合狀態，並推斷駕駛員在想睡的狀態下駕駛，進而提出警告。

參考／TOYOTA汽車股份公司

4－10

science of
air traffic
control

人為錯誤的終極對策為何？
不墜落的飛機計畫

　　近來有一種系統正在開發，萬一飛機陷入危險絕境時，電腦系統也能夠做出超越資深飛行員的能力進行判斷及處置。這又稱為「**不墜落的飛機計畫**」，由東京大學研究所的鈴木真二為首，帶領團隊進行。

　　當發生緊急狀況，又沒有解決方案時，該系統會先針對狀況進行檢查及確認（[1]），接著再重新建構針對問題的操縱方式（[2]），再自動完成緊急著陸的飛行路徑（[3]），對陷入危機狀態的飛機進行引導及控制。

　　研究安全人機工程學的前日本大學生產工學系教授橋本邦衛所提倡的**階段理論**當中，指出人類意識階層可分為 0 ～ IV 等 5 個階段，能夠將思考及行動做最大發揮的則是人腦處於**第III階段**的狀態下。

- 階段 0
  無意識狀態或失神狀態
- 階段 I
  腦部處於疲勞或瞌睡狀態
- 階段 II
  腦部處於放鬆狀態
- 階段 III
  腦部處於良好運作狀態
- 階段 IV
  腦部處於極度緊張狀態

階段 0 ～ II 是處於「看不到、聽不到、無經驗、無思考」的狀態，這種狀態被指出和人為疏失有直接的關連。

此外，無論發生事件或事故，對大多數的管制員或飛行員，幾乎都是第一次經驗。當陷入極度壓力的階段 IV 狀態時，通常無法期待人會做出正確的判斷或行為。甚至也有飛行員因此失去意識的案例。

此時，如果配備能夠不讓小困難或故障釀成大事故的系統，管制員和飛行員也會因此大大放心，且能夠更有餘裕地專注在工作上。

在「不墜落的飛機計劃」裡，自動完成緊急降落的飛行路徑系統所運用的，是來自於觀察嬰兒成長及人類的作業過程，進而得到**人類成長時腦部的運作**關鍵機制。

爬行的嬰兒透過反覆的失敗才能夠「站立」，並歷經無數次失敗才進而能夠一步步開始行走。在反覆行動的過程中，不知不覺會習得當中技巧，而針對各種不同的工作流程的學習及訓練，也與此道理相同。當反覆操作一項動作時，在腦內的**神經元細胞**就會建構起網絡。

現在，將這項機制建構於電腦的研究正在進行，當針對電腦反覆輸入各種困境時，就有可能會產生全新的電路，這就能夠應用於自動完成緊急降落的飛行路徑。

4－11

science of
air traffic
control

航空交通有哪些安全措施？
過去到現在漸漸解決了各種難題

　　航空交通比陸地交通更講求安全對策。由於航空交通是在3次元空間下高速飛行，而目視的能見範圍有限，且飛機無法在空中停止飛行，因此航空交通有各種限制。

　　搭乘客機時，機上會有**安全指南**及**安全宣導影片**，且機上乘客均需使用安全帶，而宣導緊急狀況須採取的姿勢、以及逃生指引等，則是為了讓乘客能在緊急狀況時安全逃離。遭遇航空事故時，能夠有76.6%的人生還，可說是仰賴這套宣導指引之故（來自於1983年～2000年間的航空事故統計）。

　　此外，新型客機上的異常檢測系統，會不斷重複巡邏檢測，而飛機的飛行狀態也會在機上、以及路面進行監控，即時掌握錯誤狀況以及應對方式。

　　現在，即使有這麼先進的技術或系統在運作，也無法確實防範的，可列舉以下幾種。

1 人為疏失
2 惡劣天氣（包含亂流）
3 火山灰
4 鳥擊（撞上飛鳥）

1 在前面筆者已經有完整說明，本節將針對2、3、4進行解說。

2 惡劣天氣（包含亂流）

當飛機行進空域或路徑出現亂流、積冰、雷電、火山灰噴煙等狀況時，不僅會影響安全，也會讓旅客搭乘的舒適感降低。因此氣象局為了讓飛機能夠安全運航，提供了各種防空氣象資訊。

◆ 有關機場的資訊

• 例行天氣報告（METAR）

定時（每整點或每30分）測量並提供機場周邊的氣象資訊。風向、風速、能見度（跑道能見距離）、天氣、雲量、雲幕高度、氣溫、露點溫度、海平面校正氣壓等氣象資訊皆以英文數字標示。這對飛行員、管制員及航運管理者而言，是最重要的資訊。

• 指定特殊天氣報告（SPECI）

當天氣現象有一定程度以上的變化時，就會提出該特殊氣象報告。提供形式與前述例行性的天氣報告相同。

• 飛行用機場天氣預報（TAF）

針對國內線及國際線飛機起飛和降落的機場天氣預報。日本會依據飛航指南（AIP）和區域航空協定等來決定預報的對象機場，並透過國際航空固定通訊網來傳遞訊息。預報的有效時間，亞洲地區為27小時，歐洲地區為24～30小時。

• 緊急地震速報及震度資訊

日本國內主要的13個機場都設有多功能型地震儀，能夠隨時觀測地震。當觀測到震度4以上的地震（此時有必要檢查跑道），並提出緊急地震速報時，管制員就會直接告知飛行員，飛行員就會暫緩降落，在空中盤旋待命。當必須檢查跑道時，管制員會取消起飛飛機的起飛許可，對降落飛機下達重飛的指令。

◆ 關於空域的資訊

・危害天氣報告（sigmet）

飛機接近日本國土，要進入福岡FIR（福岡飛航情報區）飛行時，發布針對飛行會產生重大影響的強烈亂流或積冰、雷電、颱風、火山噴煙等氣象現象的觀測及預報。

○ 炸彈低氣壓（bomb cyclone）

早春時期的日本群島容易被低氣壓侵襲，其帶來的強風可比超大型颱風。這種低氣壓生成於日本附近，因冷氣團和暖氣團激烈碰撞後迅速發展，並沿著日本海北上。當冷氣團和暖氣團的強度強、溫差大的狀況下，就會更加發達。尤其是在24小時內中心氣壓下降超過24hPa的低氣壓，又稱為**炸彈低氣壓**。2014年4月發生的炸彈低氣壓，就造成日本國內線580個航班取消，影響到約71,000人的交通。

○ 颱風

從夏天到秋天，**颱風**為飛機的運航帶來相當大的影響。2011年9月，以西日本為中心長時間滯留的12號颱風，不僅連日影響

寒冷地區的機場積雪時，會以除雪機除雪後，將防凍液噴灑在跑道及滑行道上。照片為山形縣酒田市的庄內機場。

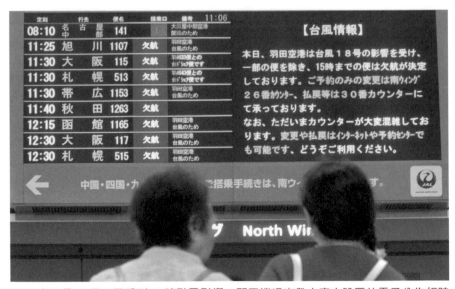

2013年9月16日，因受到18號颱風影響，羽田機場出發大廳中設置的電子公告板陸續顯示航班取消。

照片／AFP＝時事

了航空班次，還引起河水氾濫以及土石崩壞，死亡及失蹤者超過100人。

其後，15號颱風在日本近海西南方滯留約10日，強度增強為登陸東日本的颱風中最大的等級，21日傍晚，在濱松附近登陸並直接侵襲關東地區。每當颱風接近時，各家航空公司只能大幅度的停駛、誤點以及降落於替代機場，因而產生相當大的混亂。

○ 亂流

亂流指的是空氣的流動相當混亂不規則。亂流又可分為數種。例如**風切效應**（wind shear）又可說是**風的斷層**，是一種在水平或垂直方向，風向或風速產生落差而成的現象。在惡劣的天氣下特別容易發生，不過在往上空吹的噴射氣流附近，即使沒有雲，也很容易產生亂流。這種狀況就稱為**晴空亂流**（CAT：Clear-Air Turbulence）。

下爆氣流（downburst）是積雨雲當中的下降氣流在中途並未減弱，直接降至接近地表處，因而產生的放射狀強風現象。下爆氣流的水平尺度若達4km以上，則稱為**巨爆流**（macroburst），未達4km則稱為**微爆流**（microburst），在局部地區發生的小規模微爆流，又稱為區域性微爆流。當跑道附近發生下爆氣流時，起降中的飛機可能會被氣流摔到地面。

此外，當積雨雲下方吹出下爆氣流時，積雨雲和周圍的風之間就會產生風切線。當飛機通過風切線時，風的強度會瞬間改變，飛機升力也會急速產生變化，造成機體不穩定。

■ 何謂下爆氣流？

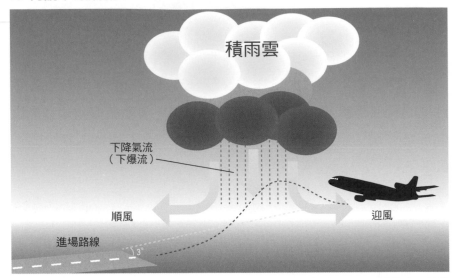

下爆氣流是從積雨雲產生的下降氣流。它會以放射狀在地表附近吹開。降落時，前半會讓飛機處於迎風處，升力強度會大為提高，後半則因為變成順風處，升力會減弱，會因下降氣流影響而使飛機高度驟降。

出處／日本氣象廳

■ 何謂風切線？

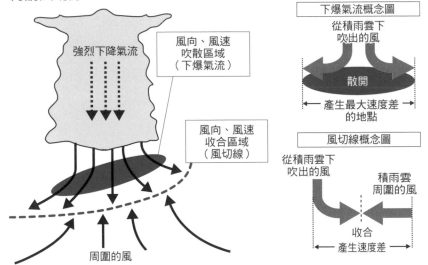

風向和風速兩者同時、或單獨產生急遽變化的地點，其變化的接觸線就稱為風切線。當飛機通過風切線，迎風的強度會急速改變而使升力產生變化。因此飛機的進場路線會變得不穩定，容易偏離進場路線。

出處／日本氣象廳

還有，在山脈附近如果有穿越山群的氣流，會在背風時產生上下波動的**山地重力波亂流**。

飛機較難應付的是突發性的亂流，回顧日本的飛機事故，就能發現因亂流引起的有25件，占全體的49%。因此各個地區的氣象台都會將平均風向、平均速度、顯示擾亂平時狀態的干擾度、風切效應、下爆氣流等各種氣象資訊，提供給航空管制單位以及飛機。飛機上也搭載了風切效應警報裝置，當發現有風切效應時，就會避開該處飛航。

機場附近由於飛機的高度正在下降，因此高度上不夠充分避開風切效應，就必須擁有最新且較詳細的亂流數據。主要機場都會設有**都卜勒氣象雷達**或**都卜勒氣象雷射雷達**，用來監測下爆氣流和微爆流。

都卜勒氣象雷達是發射電波（微波）來觀測雨、雪或風等的分布，都卜勒氣象雷射雷達則是發出光源，透過探測捕捉懸浮物質（大氣中的灰塵）移動的散射光，來觀察風向。透過這些裝置，飛機在遭遇大氣中的空氣亂流前20～40秒就會發出警報，因此飛機能夠做出迴避。

現在日本的JAXA（宇宙航空研究開發機構）正在開發能夠探測飛行前方10km的空氣組成成分並加以分析，讓飛機能夠進行迴避的**機上搭載專用都卜勒氣象雷達**。這項裝置將能夠針對大型客機後方產生的亂流進行檢測，並發揮其功能。

③ 火山灰

2010年4月，在冰島的艾雅法拉火山爆發，火山灰高度達

雷達圓頂內部

都卜勒雷達站

機場的都卜勒氣象雷達及其內部。它能夠分析因下爆氣流而產生的急速風向變化,並檢測出微爆流及風切線。

出處╱日本氣象廳

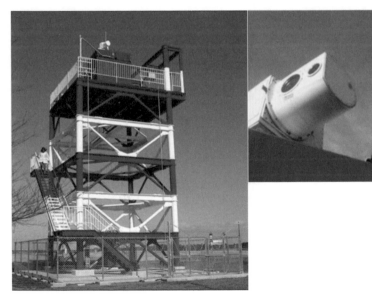

機場內設置都卜勒氣象雷達的鐵塔(左)。位於鐵塔頂端的紅色箱型物就是放置都卜勒雷達的地方。紅色箱上設置的白色物體,就是發射雷射光的掃描器(右)。照片為成田機場的雷達。

出處╱日本氣象廳

11,000m，覆蓋範圍廣達歐洲北部。因此造成飛機無法起降的國家有17國，取消的航班達14,000班，造成嚴重混亂。

如果火山灰被吸入噴射引擎內，就會因為內部的高溫而被熔解並附著在裡面，並引起堵塞。如此一來，引擎輸出功率就會下降而導致故障，窗戶玻璃也會因火山灰造成污染及破損，影響飛行員的視線。此外，萬一火山灰塞在機首的皮托管，就會造成無法測量飛行速度，這是**相當危險的狀況**。

現在，我們已經能夠針對火山爆發活動進行一定程度的預測，因此已經能夠避免飛行中的飛機突然遇到火山爆發的狀況。儘管如此，一旦火山開始爆發，火山灰還是會散落到廣大且高度相當高的空間裡，火山灰在大氣中浮游的時間也相當長。如此飛機的暫停服務期也會拉長。

過去曾在1982年6月，從馬來西亞往澳洲飛航的波音747客機，因吸入印尼上空的加隆貢火山（Galunggung）所噴發的火山灰，造成4具引擎全部停機，因而緊急迫降於雅加達。

■ 9個航路火山灰資訊中心（VAAC）

	所在地	管理機關
1	安哥拉治VAAC（Anchorage）	美國海洋大氣廳
2	布宜諾斯艾利斯VAAC（Buenos Aires）	阿根廷國立氣象局
3	達爾文VAAC（Darwin）	澳洲氣象局
4	倫敦VAAC（London）	英國氣象廳
5	蒙特婁VAAC（Montreal）	加拿大氣象局
6	東京VAAC（Tokyo）	日本氣象廳
7	土魯斯VAAC（Toulouse）	法國氣象局
8	華盛頓VAAC（Washington）	美國海洋大氣廳
9	威靈頓VAAC（Wellington）	紐西蘭氣象局

■ 航路火山灰資訊中心（VAAC）的管轄區域

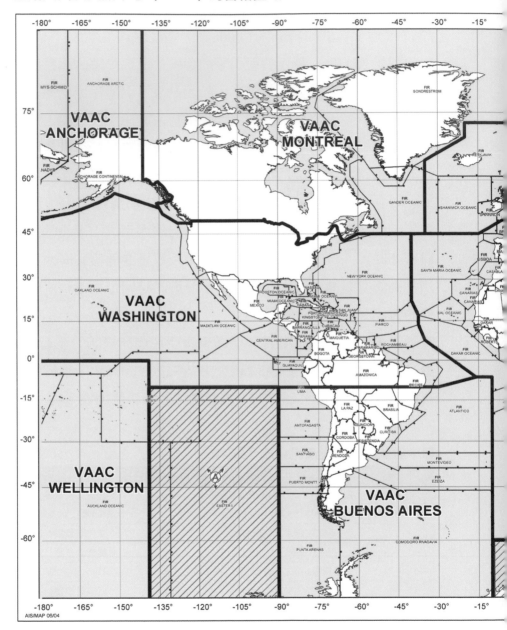

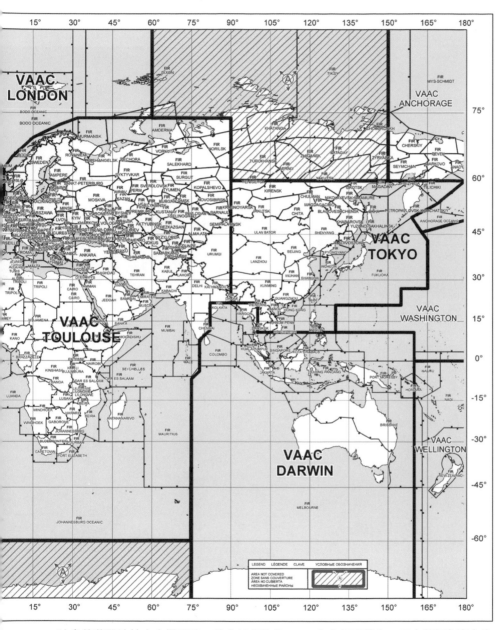

冰島的艾雅法拉火山爆發時，就會以倫敦的VAAC為主提出警告。日本的氣象廳中也有東京VAAC，負責監視遠東地區的火山活動。

出處／ICAO

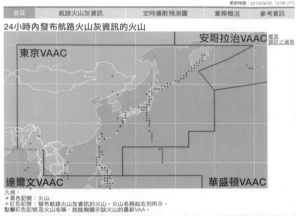

日本氣象廳東京航路火山灰資訊中心

更新時間：2013/09/30 12:08 UTC

| 首頁 | 航路火山灰資訊 | 定時擴散預測圖 | 業務概況 | 參考資訊 |

24小時內發布航路火山灰資訊的火山

安哥拉治VAAC 櫻島 諏訪之瀨島

東京VAAC

達爾文VAAC 華盛頓VAAC

凡例：
＊黑色記號：火山
＊紅色記號：發布航路火山灰資訊的火山。火山名稱如右列所示。
點擊紅色記號及火山名稱，就能夠顯示該火山的最新VAA。

日本氣象廳東京航路火山灰資訊中心（http://ds.data.jma.go.jp/svd/vaac/data/indexj.html）。該網站會發布過去24小時東京VAAC範圍內航路火山資訊。

出處／日本氣象廳

位於鹿兒島鹿兒島市的櫻島，幾乎每天都會有航路火山灰資訊被發布。

此外在1989年，阿拉斯加的里道特火山噴發，這也造成波音747客機的4具引擎全數停擺，緊急降落於安哥拉治機場。

火山爆發對飛機的運航安全有相當大的威脅，因此全球由本書第173頁的9個地區航路火山灰資訊中心（VAAC）負責監視。

◆ 火山灰支援資訊（VA Advisory）

當因火山爆發等的火山活動，預測到會影響運航時，東京航路火山資訊中心（東京VAAC）就會提出**航路火山灰資訊**（航路火山灰實況圖、火山灰擴散預測圖）。此外，在危害天氣報告（SIGMET）中也會提出相關訊息，**讓飛機採取變更飛行路徑等迴避**。

還有，當從機上觀測出亂流等危險天氣或火山爆發時，也會**由飛行員向管制單位通報氣象資訊**（AIREP、PIREP）。這些訊息會再透過管制單位，通報各航空機構、以及氣象機構。

4 鳥擊

鳥擊屬於鳥撞擊到各種物體而產生的故障。當飛機與鳥發生碰撞時，最壞的狀況也曾經發生墜機，由於危險相當高，成為全球關注的問題。

2009年1月，全美航空（US Airways Flight）1549號班機從紐約的拉瓜迪亞機場起飛後，便遭到鳥擊。兩具噴射引擎均因吸入加拿大黑雁而熄火，緊急迫降於哈德遜河河面（乘客及機組人員155名均平安生還）。

2009 年 1 月，US Airways Flight 的空中巴士 A320 型飛機（1549 號航班），因遭遇
鳥擊而迫降於紐約曼哈頓島西側的哈德遜河河面。因機長傑斯利・蘇倫伯格三世
（Chesley Sullenberger III）展現令人驚嘆的技術降落於水面，機上乘客及機組人員
共 155 人全部平安獲救，無人身亡。

照片／SCANPIX、時事通訊 photo

白天當飛行員發現鳥類，到產生撞擊，大約有 1 ～ 2 秒的時間，但夜間大多在看到鳥類的瞬間就會被撞擊，由於這屬於意外襲擊，較難有對策能夠解決。一般而言，機場的周圍草地和水邊都較多，鳥類會因為要捕捉在這些場地產生的蟲類，而聚集過來並繁殖，因此機場周圍更容易發生鳥擊。

　　日本一年約會發生超過 1,000 件的鳥擊，發生的時間點在起飛到上升時間的占 39%，在進場到降落石發生的則占 54%，全都集中在航空管制員和飛行員最忙碌、且最緊張的**關鍵 11 分鐘**內。

　　防止鳥擊的對策，有定期發射空包彈、以及巡邏等方式，到目前為止尚未找到決定性的防止對策。

　　此外，美國空軍的 **AHAS**（Avain Hazard Advisory System，鳥類危害顧問系統）利用氣象雷達系統，將其中的氣象資訊去除後，剩下的畫面當作鳥類的活動，再以此資料加上候鳥資訊，作為**鳥類飛行預測系統**，並提升了防範鳥擊的效果。現在正朝向民航機場運用上的方向研究。

專欄 01

飛機的飛行位置能夠即時顯示
飛行雷達24

　　「飛行雷達24」（http://www.flightradar24.com/）是**在地圖上即時顯示飛機（客機或貨機）飛行的位置以及航行軌跡的服務**。這套服務在網頁上公開，任何人都能夠免費使用。

　　「飛行雷達24」的畫面上，只要點擊任一架飛機，就會標示出機種、航班名稱、航空公司名稱、出發地及目的地，飛航高度以及飛航速度等資訊，並即時更新。

　　想成為航空管制員的人，可以隨意追蹤任一架飛機，不僅如此，還能夠用像飛行員的視線，透過電腦圖像看見飛機外的景色。

飛行於羽田機場周圍的客機。將滑鼠游標旋停在任一架飛機上（本圖為SFJ24），就能夠顯示出航班名稱，點擊後，在畫面左側就會出現機種、航班名稱、航空公司名稱、出發地和目的地、飛航高度及飛航速度等資訊。

這個程式最近也被航空管制系統採納，並使用ADS（自動回報監視）（詳細請參考1-9）。

　　ADS是透過飛行中使用GPS的GNSS，取得飛機本身的位置資訊，並將此資訊透過MTSAT（多功能運輸衛星）傳送至地面的航空衛星中心。地面會分析飛機傳送過來的情報，並顯示於管制席位上。

　　「飛行雷達24」會透過ADS，將飛機所發送的電波讓全世界的所有ADS接收系統接收訊號，再轉送至「飛行雷達24」的伺服器並顯示。

　　「飛行雷達24」是在7年前，於瑞典開始建構ADS收訊網絡。4年前在歐洲公開資料後，由世界各國的志願者開始相繼將資料轉傳，現在已形成一個覆蓋歐洲、美國、亞洲、大洋洲以及部分非洲的網絡。

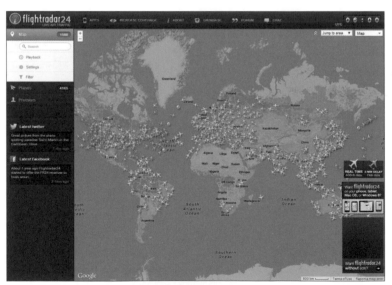

縮小地圖比例尺後，在全球有多少飛機正在飛行，便能夠一目瞭然。此外，黃色為即時顯示的飛機資訊，橘色為顯示資訊落差5分鐘的飛機。

馬來西亞航空M370航班之謎
為何所有通訊都被阻斷？

　　2014年3月8日，馬來西亞航空的MH370號航班（吉隆坡出發，飛往北京，型號為波音777-200，乘客和機組人員共239人）在吉隆坡國際機場起飛後經過40分鐘，便於中國南海上空失去聯繫。

　　經過16天後的24號，馬來西亞首相納吉・拉薩公布了該航班的狀況「MH370號航班墜入印度洋，無生存者」。該航班的訊號已經阻斷，其正確的飛行路徑及現在身處地點都無法得知，3月下旬左右，開始有各種推測判斷該航班究竟發生什麼事故。

　　該航班起飛後，便獲得航空管制的飛航管制許可（ATC clearance），並依照許可繼續飛行，陸續通過馬來西亞FIR（飛航情報區）以及越南FIR的管制接管點後，飛機上用於與航空公司交換必須訊息的飛機通信定址與報告系統※（ACARS：Aircraft Communication Addressing and Reporting System）以及詢答機（無線通訊中繼器）就被關閉。

　　接著和馬來西亞管制正常通訊後，班機行蹤又從馬來西亞軍方雷達消失。根據馬來西亞軍方所述，該架航班將機首轉向西方飛航，在橫越馬來半島後又消失蹤影，對通訊衛星的訊號傳遞也隨之中斷。

※　飛機通信定址與報告系統：透過由美國及歐洲的主要航空公司、美國汽車產業製造商等為主要股東所設立的非營利團體──航空無線電通訊公司（ARINC：Aeronautical Radio Incorporation），讓飛機和地面的航空公司交換必要訊息的系統。飛機會傳送該機本身的出發時刻、到達時刻、出發地、目的地、航班名稱、搭載燃料、氣象資訊、飛航計畫、以及故障資訊等訊息，航空公司則會傳遞目的地的氣象資訊等。

● 一般而言，不可能發生通訊完全阻斷……

　　一般飛航的情況下，會以ADS或ACARS來與管制員共享自機位置，透過詢答機發出的識別碼訊號（設定於詢答機，是用於識別飛機的4位數號碼。由航空管制員指示。當發生緊急狀況時，有時也會由飛機機長指定），將本機位置及飛行狀態送至地面並持續飛行。即使與管制員之間的通訊或詢答機的訊號中斷，ACARS或ADS會自動透過衛星，將飛行訊號、機體資訊繼續傳送，由衛星轉送至地面後，繼續由航空管制或航空公司監視。

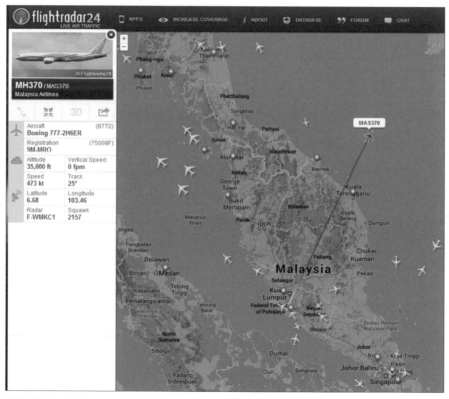

飛行雷達24當中顯示出的馬來西亞航空MH370航班。自此之後，該航班馬上從畫面消失。

但是，該架飛機的**通訊卻完全阻斷**，無論是Communication（通訊）、Navigation（導航）或Surveillance（監視）相關的數據均陷入完全無法取得的狀態。能夠切斷這些通訊的，只有在駕駛艙中的2名飛行員，從這一點看來，也有人認為是駕駛艙內發生了狀況。

　　此外，3月24日，英國衛星通訊公司——國際海事衛星組織（Inmarsat plc），針對MH370航班從馬來半島往西合月後的飛行路線，以都卜勒效應分析該航班發出的「pings」訊號，並結合其他資訊（MH370航班的預測位置、假想行進路線、假想速度）後，加以推測出來。收到這項訊息的馬來西亞政府，便發布「MH370航班飛於印度洋上空，最後墜毀」。

　　4月7日，於印度洋南部進行搜索的中國、以及澳洲當局，公布接收到從飛行資料記錄器（FDR：Flight Data Record）以及駕駛員座艙通話記錄器（Cockpit Voice Recorder），並開始進行該航班存在地點的確認。

　　今後，如果能夠發現該航班的漂流物、飛行紀錄器、駕駛員座艙通話記錄器等，並將資料一一復原，或許就能夠解開該架飛機究竟發生什麼事之謎。但是，該海域經常會有強風及大浪，有「咆嘯40度[※]」（Roaring Forties）之稱，其水深深達3,000～4,000m，搜救也相當困難。

※　又稱咆嘯西風帶，是水手對南緯40度到50度間海域的俗稱，該海域吹西風，其中又以印度洋南部最強。

結語

　　從羽田機場的航廈頂層的展望甲板區眺望機場，會看到天空中有好幾架飛機，滑行道上則齊列依照起飛順序排隊的噴射客機，由4條跑道依序起降。這情景讓人百看不厭，不知不覺就過了好一段時間。

　　羽田機場1天約有1,000架左右的飛機起降，這些飛機為何能安全又有秩序地飛行？這是因為有航空管制員，針對飛機提供安全、有秩序且有效率的管制服務。

　　管制員所執行的管制服務有以下幾種：管理全國飛機動態的「**飛航管理管制服務**」、針對要起降的飛機，由機場管制塔指示起降順序及時間等的「**機場管制服務**」、針對於機場周邊飛航的飛機，使用雷達下達待機指示的「**終端雷達管制服務**」、針對在航路等飛行中的飛機下達指令的「**航路管制服務**」等。這些單位彼此皆透過相當緊密的聯繫執行自己的業務。

　　1903年，萊特兄弟在全球首度成功達成有人動力飛行，從那至今已過了1個世紀以上。期間針對飛機的性能提升相當卓越，更有2層樓的大型飛機、擁有長距離飛行性能的飛機、以及能在高高度飛行的小型商用噴射客機等，各式各樣的飛機被成功開發。

　　此外，支援飛機運航的各種業務及機場的基礎設施也逐漸進步，飛機的定位已成為兼具準時及可靠，屬於相當重要的交通方式之一。

相對於此，在管制服務方面也開發了使用雷達及電腦的管制系統，也能夠透過衛星做數據鏈結通訊，這對於要應對飛航流量增加的航空管制員支援系統而言，有助於減輕其工作量。

　　不過，航空管制系統再怎麼發展，與安全相關的最後判斷仍由人來進行，因此航空管制員的角色仍相當重要，且需要每天持續為航管努力。

　　這次，聽說藤石金彌先生要出版一本有關航空管制服務的書，本管制協會自然全面提供協助，並進行內容監修。藤石金彌先生撰寫的這本書雖然也有部分較專業的內容，但整體是依照飛機運航的流程，以易於了解的方式來介紹航管業務，因此不只是專家，一般的民眾想必也會對這本書相當有興趣。如果本書能夠讓各位讀者對於航空管制有更深的了解，那真是我們的榮幸。

2014年3月　一般財團法人　飛航管制協會

知的！66

噴射機引擎的科學

中村寬治◎著 定價：290元

本書從不同角度帶您解析噴射引擎，讓您徹底了解噴射引擎的原理！從噴射引擎的職掌、螺旋槳到噴射引擎的演化、噴射引擎的構造與機件、運動原理到認識噴射引擎的儀表。

知的！69

火箭怎麼飛向宇宙

谷合稔◎著 定價：290元

火箭怎麼升空？又是怎麼正確地飛向目的地？火箭如何搭載液態燃料？現代科技又是如何做到火箭輕量化？本書將為您介紹火箭的飛行原理與科技。

知的！72

汽車的構造與機械原理

青山元男◎著 定價：290元

引擎起動、油門加速、方向盤控制、煞車系統……從基礎開始，帶你了解驅動汽車行進的機械原理。讓愛車的你更懂車的WHY與HOW。

知的！74

鐵道的科學

川邊謙一◎著 定價：290元

捷運、火車、高鐵，讓輪子在軌道上跑動是從哪來的主意？為了成就更舒適、更快速、更便捷，需要什麼技術？一同探索鐵道科技的迷人之處！

知的！75

噴射機的製造與技術

青木謙知◎著 定價：290元

製造飛機有什麼要注意的地方？需要多大的場地？
認識噴射機的技術發展和製作流程，帶你一窺製造現
場的技術細節與浩大工程。

知的！76

造船的技術與工藝

池田良穗◎著 定價：290元

巨大的船舶要怎麼組裝？船上機具和零件又是如何製
造？本書帶你親臨造船現場，從船體組裝加工開始，
見識巨型船隻的高精密技術與製造工藝。

知的！81

戰鬥機的祕密【圖解版】

關賢太郎◎著 定價：270元

給戰鬥機愛好者的入門知識：解答55個你不知道的驚
人疑問。從機體構造、如何操縱到搭載武器，給你滿
載的戰鬥機知識。

知的！86

飛機上的驚奇科學課

布萊恩・克雷格◎著 定價：290 元

帶著科學之眼，飛行變得更加有趣！享受飛行，讓你
更接近牛頓和愛因斯坦的偉大。從機場、機艙到機窗
外，航空旅途中的103個科學疑問全解答。

國家圖書館出版品預行編目資料

航空管制超入門／藤石金彌作；盧宛瑜譯.
── 初版.── 臺中市：晨星，2015.07
面；公分.──（知的！；85）

ISBN 978-986-177-991-1（平裝）

1.航空運輸管理

557.94　　　　　　　　　　104003159

知的！85　航空管制超入門

作者	藤石金彌
監修	一般財團法人　航空交通管制協會
譯者	盧宛瑜
編輯	劉冠宏
校對	劉冠宏
封面設計	許芷婷
美術編輯	黃偵瑜

創辦人	陳銘民
發行所	晨星出版有限公司 407台中市西屯區工業30路1號1樓 TEL：04-23595820　FAX：04-23550581 行政院新聞局局版台業字第2500號
法律顧問	陳思成律師
初版	西元 2015 年 7 月 1 日
再版	西元 2023 年 9 月 30 日（四刷）

讀者專線	TEL：02-23672044 / 04-23595819#212 FAX：02-23635741 / 04-23595493 E-mail：service@morningstar.com.tw
網路書店	http：//www.morningstar.com.tw
郵政劃撥	15060393（知己圖書股份有限公司）

印刷	上好印刷股份有限公司

定價 290 元

（缺頁或破損的書，請寄回更換）
ISBN 978-986-177-991-1
Published by Morning Star Publishing Inc.
Color Zukai de Wakaru Koukukansei "Chou" Nyumon
Copyright © 2014 Kinya Fujiishi
Supervision by Air Traffic Control Association, Japan
Chinese translation rights in complex characters arranged with SB Creative Corp.,
Tokyo
through Japan UNI Agency, Inc., Tokyo and Future View Technology Ltd., Taipei
Printed in Taiwan. All rights reserved.
版權所有・翻印必究

407
台中市工業區 30 路 1 號

晨星出版有限公司
知的　編輯組

更方便的購書方式：

也可至網站上
填線上回函

(1) 網站：http://www.morningstar.com.tw
(2) 郵政劃撥　帳號：15060393
　　　　　戶名：知己圖書股份有限公司
　　請於通信欄中註明欲購買之書名及數量
(3) 電話訂購：如為大量團購可直接撥客服專線洽詢

◎ 如需詳細書目可上網查詢或來電索取。
◎ 客服專線：02-23672044　傳真：02-23635741
◎ 客戶信箱：service@morningstar.com.tw